MACHADO DE ASSIS

CONTOS SOBRE O AMOR E SUAS VARIAÇÕES

© Hélio Guimarães (organização), 2016

Coordenação editorial: Graziela Ribeiro dos Santos e Lígia Azevedo
Assistência editorial: Olívia Lima

Revisão: Carla Mello Moreira

Edição de arte: Rita M. da Costa Aguiar
Produção industrial: Alexander Maeda
Impressão: Bartira

Dados Internacionais de Catalogação na Publicação (CIP)
(Câmara Brasileira do Livro, SP, Brasil)

Assis, Machado de, 1839-1908
   Machado de Assis : contos sobre o amor e suas variações / organização
Hélio Guimarães. -- São Paulo : Edições SM, 2017.

   Bibliografia.
   ISBN: 978-85-418-1842-1

   1. Contos brasileiros I. Guimarães, Hélio.
II. Título.

17-06287   CDD-869.3

Índices para catálogo sistemático:
1. Contos : Literatura brasileira 869.3

1ª edição outubro de 2017
7ª impressão 2022

Todos os direitos reservados à
SM Educação
Avenida Paulista 1842 – 18°Andar, cj. 185, 186 e 187 – Cetenco Plaza
Bela Vista 01310-945 São Paulo SP Brasil
Tel. (11) 2111-7400
atendimento@grupo-sm.com
www.smeducacao.com.br

MACHADO DE ASSIS

CONTOS SOBRE O AMOR E SUAS VARIAÇÕES

ORGANIZAÇÃO
HÉLIO GUIMARÃES

SUMÁRIO

Apresentação, 7
Sobre esta edição, 23

Missa do galo, 25
Curta história, 33
Terpsícore, 37
Trio em lá menor, 47
Uns braços, 55
A causa secreta, 65
A cartomante, 77
Entre duas datas, 87
Noite de almirante, 99
Cantiga de esponsais, 107
Um esqueleto, 113
O relógio de ouro, 133
Mariana, 143
Frei Simão, 163
Três tesouros perdidos, 173

Posfácio, 177
Referências bibliográficas, 183
Outras edições, 185

APRESENTAÇÃO

Os contos que compõem este livro foram selecionados entre os cerca de duzentos escritos por Machado de Assis desde sua estreia no gênero, quando era ainda um jovem e desconhecido escritor, até aqueles que publicou nos últimos anos de vida, já autor de obra vasta e amplamente reconhecido em todos os círculos literários do país. Temos aqui, portanto, desde as primeiras incursões de Machado na ficção até as obras-primas que frequentemente o fazem ser lembrado entre os grandes criadores do conto moderno, ao lado de Edgar Allan Poe (1809-49), Guy de Maupassant (1850-93), Henry James (1843-1916) e Anton Tchekhov (1860-1904), para ficar apenas em alguns autores mais ou menos contemporâneos do escritor brasileiro, que viveu de 1839 a 1908.

Como esses escritores, Machado ajudou a definir com suas narrativas curtas a economia do gênero, contando histórias com foco narrativo bem delimitado, desenvolvidas em tempo e espaço bastante restritos, verticalizando a análise de tal modo que, em poucas páginas escritas e alguns minutos de leitura, entramos em contato com dilemas morais e interpretativos de grande profundidade e alcance. Como definiu um excelente contista e teórico dessa forma narrativa, o argentino Julio Cortázar, o grande conto é capaz de transformar um episódio doméstico, cotidiano e aparentemente sem importância "no resumo implacável de uma certa condição humana, ou no símbolo candente de uma ordem social ou histórica"[1].

Machado é um dos raros escritores brasileiros do século XIX que de fato têm esse poder de transformação e síntese. Por isso é capaz de em pouquíssimas páginas contar histórias a princípio banais, muitas vezes situadas num único ambiente e num intervalo de tempo curto, em que condensa experiências imensas. Às vezes são histórias que nem seus narradores nem seus protagonistas compreendem bem e que deixam a nós, leitores, ao mesmo tempo encantados e intrigados.

É o caso do conto que abre esta coletânea, "Missa do galo", exemplo da maestria do contista. A história se passa na sala de estar de uma casa do Rio de Janeiro, no período exato de uma hora que antecede a realização da missa do galo, tradicionalmente celebrada à meia-noite do dia 25 de dezembro. Embora o título do conto chame a atenção para esse grande momento da liturgia católica, que celebra o nascimento de Jesus Cristo e, portanto, as origens do cristianismo, nada disso tem importância no conto. A história se concentra no encontro entre um jovem de dezessete anos e uma mulher casada e madura, de trinta anos, que conversam sobre livros, a dificuldade de pegar no sono, sonhos, pesadelos e a decoração da sala.

Mas o que de fato acontece durante o encontro, carregado de sensualidade, subentendidos e talvez mal-entendidos? Não sabemos e nunca poderemos saber, porque o próprio protagonista, que nos conta a história, inicia o conto com a seguinte frase: "Nunca pude entender a conversação que tive com uma senhora, há muitos anos". Ao contar depois de tanto tempo uma história possivelmente vivida na excitação do desejo adolescente por uma mulher madura, o narrador decla-

---

1. Julio Cortázar, "Alguns aspectos do conto". In: *Valise de cronópio*. Org. Haroldo de Campos e Davi Arrigucci Jr. Trad. Davi Arrigucci Jr. e João Alexandre Barbosa. São Paulo: Perspectiva, 2006, p. 153.

ra: "Há impressões dessa noite, que me aparecem truncadas ou confusas. Contradigo-me, atrapalho-me". Os limites entre fato e imaginação estão completamente esgarçados. Assim, o leitor é convocado a trabalhar para reconstituir os possíveis sentidos de uma experiência que percebe ter sido muito intensa, ainda que não saiba exatamente o que ocorreu.

"Missa do galo" é apenas uma das quinze excelentes narrativas escolhidas para figurar nesta antologia, que inclui contos publicados ao longo de quase quatro décadas. O critério da seleção foi tanto temático como da representatividade dos textos em relação ao conjunto da obra do escritor. Assim, temos contos das várias coletâneas que Machado publicou em vida e alguns que nunca foram reunidos em livro por ele. Esses foram recuperados postumamente das páginas dos jornais e revistas em que foi colaborador assíduo e nos quais publicou grande parte do que escreveu nos vários gêneros praticados em mais de cinquenta anos de carreira literária, incluindo poesia, teatro, crítica, conto, romance e correspondência.

O recorte temático permite ter uma ideia da amplitude e originalidade com que Machado tratou de um assunto que ocupou escritores de todos os tempos e lugares, e de como assumiu posição singular e sempre crítica em relação às ideias amorosas que frequentavam a prosa do século XIX. Machado faz questão de apresentar em suas histórias todas as idealizações, racionalizações e clichês sobre o amor, destruindo-os um a um, como será visto no posfácio deste livro. O leitor também pode acompanhar as modificações no tratamento do tema, que ganha novas nuances à medida que a obra se desenvolve, e notar muitas convergências entre o que realiza nos contos e nos romances. Há muito mais em comum entre o conto "O relógio de ouro" (1873) e *Dom Casmurro* (1899), ou entre "Três tesouros perdidos" (1858) e *Memórias póstumas de Brás Cubas* (1880), para ficar apenas em dois exemplos, do que estamos acostumados a pensar a partir da divisão da obra machadiana em duas fases e gêneros estanques.

A disposição dos contos em ordem cronológica inversa à das suas primeiras publicações, começando com a obra-prima "Missa do galo", de 1894, e recuando cronologicamente até "Três tesouros perdidos", um dos primeiros escritos ficcionais de Machado, publicado em 1858, dá ao leitor a possibilidade de perceber a variedade, mas também a recorrência de certas abordagens e procedimentos narrativos. Se lidos dos mais recentes para os mais antigos, o leitor, ao recuar no tempo, vai reconhecendo as estruturas básicas a partir das quais o escritor construiu sua obra ficcional. Se lidos dos mais antigos para os mais recentes, pode observar o domínio cada vez maior da escrita e os crescentes níveis de complexidade que foi imprimindo a suas personagens e narrativas. Essa complexidade tem mais que ver com o crescente poder de sugestão das personagens e situações, que provocam a imaginação do leitor, do que com qualquer desenho nítido das personagens ou descrição exaustiva das situações.

A incerteza das fronteiras entre realidade e imaginação é central também em "Uns braços", publicado nove anos antes de "Missa do galo". Nesse conto, Inácio, um rapaz de "quinze anos feitos e bem feitos", se interessa por d. Severina, uma mulher "com vinte e sete anos floridos e sólidos", esposa do solicitador Borges, de quem ele é ajudante e em cuja casa mora de favor. O rapaz fica encantado especificamente com os braços da mulher mais velha. Nas três ocasiões diárias em que se aproxima dela, durante as refeições, olha sorrateiramente para eles; no restante do tempo, tem a imagem dos braços impressa na memória. Assim, perdido em constantes devaneios, o jovem enamorado se torna alvo da fúria de Borges, o que o faz cogitar fugir dali e não voltar mais. Mas já é tarde, já não pode fugir, pois "sentiu-se agarrado e acorrentado pelos braços de d. Severina". A mulher, por sua vez, começa a desconfiar das atitudes do jovem. A princípio acha impossível, dada a idade do rapaz, mas depois se pergunta: "Que admira que começasse a amar?". Finalmente, num domingo que Inácio nunca esqueceu, "um imenso domingo universal", enquanto lia a história da *Princesa Magalona*, a imaginação e o sonho se confundem com a realidade, e "as mesmas bocas uniram-se na imaginação e fora dela". Mas efetivamente não sabemos — nem nós, leitores, e talvez nem mesmo as personagens do conto — se o beijo entre Inácio e d. Severina de fato se concretizou.

HISTÓRIAS DE FIDELIDADE E TRAIÇÃO

A conjunção entre amor, casamento e traição é central em cinco histórias deste livro. Em "A causa secreta", temos um estranho triângulo amoroso formado por um jovem médico, Garcia, seu amigo Fortunato e a mulher dele, Maria Luísa. A estranheza começa pelas circunstâncias em que Garcia e Fortunato se encontram, e se espraia pelos hábitos de Fortunato, que gostava de dar bengaladas em cachorros e tinha "muita fé nos cáusticos", assim como compreende as relações entre Fortunato e a mulher, pois "havia alguma dissonância de caracteres, pouca ou nenhuma afinidade moral, e da parte da mulher para com o marido uns modos que transcendiam o respeito e confinavam na resignação e no temor". Isso não impedia que Fortunato, dado a se deliciar com o sofrimento de homens e animais, a amasse deveras, *a seu modo*, como sublinha o narrador, pois "estava acostumado com ela, custava-lhe perdê-la". Entretanto, Garcia sente entrar em seu coração, de mansinho, o amor por Maria Luísa, deformando sua visão e seu juízo, fazendo com que troque possibilidades por certezas. O clímax do conto se dá no momento em que, diante do corpo morto de Maria Luísa, vencida pela tuberculose, Garcia rebenta em soluços e "lágrimas de amor calado", no que é contemplado ao longe por Fortunato, que "saboreou tranquilo essa explosão de dor moral que foi longa, muito longa, deliciosamente longa". Nesse conto, as relações entre amor, prazer e dor são revolvidas em profundidade e com nuances, sugerindo os componentes sombrios que podem figurar nas relações amorosas.

Em "A cartomante" temos um novo triângulo amoroso, formado desta vez por dois amigos de infância, Camilo e Vilela, e a mulher deste último, Rita. Ou, na síntese do narrador: "Vilela, Camilo e Rita, três nomes, uma aventura, e nenhuma explicação das origens". Somos informados de que a convivência dos três levou à intimidade, mas como daí Camilo e Rita chegaram ao amor ele nunca soube. O fato é que os dois passaram a se encontrar às escondidas numa casa na antiga rua dos Barbonos. O caso vai de vento em popa até o momento em que o rapaz começa a receber cartas e bilhetes dizendo que a aventura é conhecida de todos. Temeroso da opinião pública e principalmente do marido da amante, Camilo se afasta do casal, o que deixa Rita temerosa a ponto de recorrer a uma cartomante para indagar sobre o futuro de seu amor. Certo dia, o cético Camilo recebe um bilhete de Vilela, pedindo que vá com urgência à sua casa. Alvoroçado, responde prontamente ao chamado, não sem antes parar na casa da cartomante (ele, que havia ridicularizado tanto a amante, a quem considerara supersticiosa!). Na consulta, a cartomante italiana lhe diz cheia de convicção: "vá, *ragazzo innamorato...*". E o desfecho, bem, o desfecho é sempre grandioso e surpreendente mesmo para quem já leu o conto muitas vezes.

Em "Um esqueleto", a ideia romântica de fidelidade eterna ao primeiro amor é mais uma vez levada ao limite do absurdo. O conto traz a história de um homem extravagante, o dr. Belém, misto de cientista e charlatão, de aspecto ao mesmo tempo meigo e sinistro, que na altura dos cinquenta anos decide, sem mais nem menos, casar novamente. A escolhida é uma bela viúva residente em Ouro Preto, d. Marcelina, que a princípio se recusa à união, por fidelidade ao marido morto, mas ao final cede às propostas. Ocorre que o dr. Belém cultiva os hábitos mais estranhos, como o de guardar num armário o esqueleto da primeira esposa. Ou, mais bizarro, de acordar no meio da noite para abraçá-lo e beijá-lo. Ou ainda de almoçar com a atual mulher tendo à mesa a primeira, constituída apenas do mais puro osso. Esta cena é presenciada com horror pelo narrador do conto, Alberto, que conta a um grupo de amigos a história insólita, de tons que lembram as narrativas fantásticas do escritor alemão E. T. A. Hoffmann (1776-1822). Com pena de Marcelina, que cada vez mais duvida do equilíbrio mental do marido e vive apavorada na sua companhia, Alberto tenta protegê-la, o que produz no dr. Belém a convicção de que os dois se amam. As revelações mais surpreendentes e escabrosas não param de surgir até a linha final do conto, que questiona os limites entre amor e loucura, com o ciúme desempenhando um papel importante.

Surpreendente também é o final de "O relógio de ouro", conto em que toda a trama e tensão se constroem e se desenvolvem a partir da seguinte situação: num belo dia, Luís Negreiros chega à sua casa e encontra sobre a mesa do quarto um relógio de ouro. Sem compreender o porquê da presença do objeto intruso na intimidade de sua casa, passa a interrogar a mulher, Clarinha. Ela permanece calada, para desespero do marido, que nunca diz explicitamente, mas parece fazer uma única suposição, compartilhada pelo narrador: de que sua esposa o está traindo. No auge das discussões, em que o marido, exasperado com aquele mistério, tem ímpetos de avançar sobre a mulher, o casal recebe a visita do pai dela, que chega para o almoço. Descobrimos então que o pai hesitara em dar a mão da filha a Negreiros, um tipo mulherengo, como aliás fora o próprio homem, que fizera a esposa sofrer muito. Durante o almoço, descobrimos também que no dia seguinte é aniversário de Luís Negreiros, o que faz supor que o relógio seria um presente. Mas de quem? Clara se mantém em silêncio, e o mistério continua. A tensão é crescente, até que, tomado de cólera e ciúme, Negreiros dá um ultimato à esposa: "— Responde, demônio, ou morres!". Diante da ameaça, Clarinha revela o que sabia desde o início, já que tinha a posse de um bilhete que esclarecia toda a situação, produzindo uma enorme reviravolta em relação às suspeitas do marido e do narrador, em certa medida encampadas por nós, leitores.

O mesmo tema aparece em "Três tesouros perdidos", uma das primeiras narrativas ficcionais de Machado, publicada quando ainda nem tinha completado dezenove anos. Em tom francamente jocoso, temos a história de um homem, nomeado F., que procura outro homem, X., para acusá-lo de estar fazendo a corte à sua mulher, E., e ordenar a ele que suma, para o que F. dá a X. uma carteira com uma boa soma em dinheiro. X., muito contente, pega o dinheiro e vai para Minas. F., ao voltar para casa, encontra um bilhete da esposa, dizendo que fugiu para a Europa com um amigo, P. O resumo da história vem no último parágrafo do conto, na fala de F.: "— Perdi três tesouros a um tempo: uma mulher sem igual, um amigo a toda prova, e uma linda carteira de encantadoras notas... que bem podiam aquecer-me as algibeiras!...".

Os enganos e as ilusões envolvendo amizade e dinheiro, que movimentam boa parte das narrativas de Machado de Assis sobre o amor, ganham uma espécie de síntese nesse conto inicial do escritor. Nele, o narrador deixa claro o poder dissolvente do dinheiro, o grande valor emergente e triunfante, que se sobrepõe a tudo o mais naquele tempo, que não deixa de ser também o nosso.

O MITO ROMÂNTICO EM QUESTÃO

O mito romântico do amor eterno está permanentemente posto em questão e é até mesmo ridicularizado nas narrativas do escritor. Em "Noite de almirante" e "Entre duas datas", somos expostos, com as personagens mais ingênuas, à ideia de que a "verdade" do amor, como tudo o mais, está sujeita às circunstâncias, aos interesses de momento e aos pontos de vista.

"Entre duas datas" é um conto que trata dos efeitos da passagem do tempo sobre o amor, ou de como "o complexo das circunstâncias da vida" pode cavar um abismo entre duas pessoas que um dia se amaram intensa e sinceramente. Questionando e dissolvendo mais uma vez os mitos românticos do primeiro amor e do amor eterno, temos a história do bacharel Duarte e de Malvina, que, embora se amassem e se merecessem, não se casam porque o pai dela queria uma união (ou um investimento) mais vantajoso para a filha: com um general ou mesmo com um comendador rico. Nas palavras maliciosas do narrador, o pai "não queria arriscar todo o dinheiro que tinha nesse bilhete que podia sair-lhe branco". Com isso, os dois jovens enamorados se separam e vão viver cada um sua vida. Duarte vai viajar pela Europa e tem outra noiva, que morre. Malvina, contrariando a vontade do pai, casa com outro bacharel pobretão, mas logo enviúva. Nove anos mais tarde, os dois se reencontram, na grande expectativa de ver o velho amor reacender. Mas o que se dá entre eles são diálogos frios, falta de assunto, estranheza e suspeição recíproca. Os jovens que um dia se amaram eram os mesmos, mas também eram outros. Na formulação paradoxal do narrador: "Nem ele era ele, nem ela era ela". Ficamos sabendo que seis ou oito meses mais tarde cada um encontra seu cônjuge e toca a vida, e o conto se fecha com este comentário desiludido: "Parece que não ganharam nada; mas ganharam não casar uma desilusão com outra: eis tudo, e não é pouco".

"Noite de almirante" é uma história publicada poucos meses antes de "Entre duas datas" com o mesmo tema, o que leva a pensar que Machado estava às voltas com os efeitos do acaso e da passagem do tempo sobre o amor. Agora temos a paixão entre o marujo Deolindo e a caboclinha Genoveva, um idílio interrompido pela necessidade de o marinheiro embarcar para a Europa. Na despedida, ambos fazem juramentos de fidelidade. Dez meses mais tarde, Deolindo retorna ao Rio de Janeiro cheio de amor, esperança e um par de brincos comprado em Trieste à custa de muita economia. Ao procurar Genoveva, descobre que ela se juntou a um mascate. Por algum tempo, de fato curtira as saudades de Deolindo, então o mascate começara suas investidas, que ela a princípio recusara, até que "um dia, sem saber como, amanhecera gostando dele". O marinheiro não compreende a atitude dela, que dez meses antes fizera todas aquelas promessas e agora lhe responde com toda a simplicidade e sinceridade do mundo: "Quando jurei, era verdade". Inconformado com a quebra da palavra e corroído pelos ciúmes, o marinheiro pensa primeiro em matar Genoveva, depois em matar o rival, e finalmente diz que vai se matar. Mas acaba por não fazer nada e se apresenta aos companheiros de bordo com "um sorriso satisfeito e discreto" de quem tivera uma noitada de reencontro com a mulher amada, a "noite de almirante" que jamais existiu.

Quando Genoveva diz a Deolindo, com a maior candura e sinceridade, que, na ocasião em que lhe jurou amor eterno, dizia a mais pura verdade, a ideia da eternidade do amor, uma crença romântica, vira pó diante dos nossos olhos. A duração do amor, em Machado, pode ser contabilizada de várias maneiras, inclusive monetariamente, como ocorre na célebre frase de Brás Cubas: "Marcela amou-me durante quinze meses e onze contos de réis; nada menos".

Os cálculos monetários e as questões de classe em torno do amor e do casamento são constantes em Machado, ocorrendo, por exemplo, em "Mariana" e "Frei Simão", histórias que não se realizam por cálculos individuais ou familiares sobre as vantagens e desvantagens sociais.

"Mariana" versa sobre um assunto de que o autor raras vezes tratou abertamente: o amor inter-racial, neste caso entre uma escrava, a Mariana do título, e o filho da sua senhora, um rapaz chamado Coutinho. A história desse amor impossível é contada muitos anos depois, num encontro casual entre quatro amigos, por ocasião do retorno de um deles, Macedo, de uma temporada de quinze anos na Europa. Ao ser interrogado sobre seu casamento com a prima, Amélia, Coutinho revela aos amigos que a união, marcada para ocorrer quinze anos antes, jamais se realizou, pela intercorrência do episódio amoroso envolvendo "uma gentil mulatinha nascida e criada como filha da casa". Apesar de todos os cuidados com a moça, que o conto insiste ser tratada pela família de Coutinho "como filha", e da beleza, das prendas e dos dotes dela, o conto vai deixando clara a largura do fosso que se estendia entre o rapaz e a "cria" da casa. A narrativa também mostra a ambiguidade da situação de

Mariana, que, ao buscar um lugar para os próprios sentimentos, encontra o muro instransponível da condição de cativa e fugitiva. Ao longo da narrativa, ela também experimenta com amargura a violência e a crueldade embutidas na afeição que os senhores dizem ter por ela — verdadeira até o momento em que consideram que Mariana abusa dos seus sentimentos e generosidade. O enredo, que apela para motivos caros às narrativas românticas, deixa claro que a situação é um beco sem saída. O amor entre Mariana e Coutinho não só é impossível como também esteriliza tudo o mais, na medida em que, por causa dele, Amélia desiste do casamento, Mariana põe fim à própria vida e Coutinho permanece solteiro aos 39 anos, desfrutando de sua condição de moço bem-nascido. Apesar da intensidade emocional com que a história de amor é recontada tantos anos mais tarde, o narrador faz questão de nos dizer que ela serve apenas para reavivar emoções da mocidade, tanto que, finda a narração, os quatro homens ociosos se distraem com os pés das moças que descem dos carros na rua do Ouvidor.

"Frei Simão" conta a história do amor frustrado do protagonista e de sua prima, Helena, bela, meiga e boa órfã que encontra abrigo e proteção na casa dos pais dele. A convivência entre os jovens logo se transforma em amor, seguido pelo sonho do casamento. Isso contraria os planos dos pais, que desejam para o filho a união com uma herdeira rica. Nas palavras do narrador, eles "Davam de boa vontade o pão da subsistência a Helena; mas lá casar o filho com a pobre órfã é que não podiam consentir". A fim de desbaratar os planos dos jovens, o pai de Simão envia o filho para uma missão comercial junto a um correspondente, a quem encarrega de segurá-lo até segunda ordem. Os jovens amantes trocam cartas até que os pais as interceptam e passam a sabotá-las. Em certo momento, o pai escreve ao filho dando a notícia da morte de Helena e chamando-o de volta à província natal. Completamente desiludido, Simão comunica ao pai que vai entrar para a ordem dos beneditinos, o que causa enorme desgosto à família. Anos mais tarde, em missão religiosa, ele depara com Helena, vivíssima e casada com outro. A comoção do reencontro é tão grande que Simão começa a delirar, logo depois adoece e se despede do mundo com a seguinte frase, para espanto dos seus confrades: "— Morro odiando a humanidade!". Dois meses depois do fatal reencontro, Helena morre. Do amor espontâneo e puro da juventude, não sobra nada, nenhuma esperança. Entretanto, somos advertidos já nas primeiras linhas do conto de que a história está sendo recontada a partir de fragmentos de memórias deixados pelo frade enlouquecido de amor — "fragmentos incompletos, apontamentos truncados e notas insuficientes; mas de tudo junto pôde-se colher que realmente frei Simão estivera louco durante certo tempo". O que nos remete novamente à instabilidade criada pelo narrador de "Missa do galo", escrito três décadas mais tarde.

O interesse material e monetário é uma força importante, mas não determinante, nas relações amorosas criadas por Machado de Assis. Isso fica sugerido por uma história diferente de tudo o mais que Machado escreveu. Trata-se de "Terpsícore", em que o título mitológico, referência à musa grega da dança, nomeia uma rara história de amor pleno, alegre e embalado pela sensualidade. Os protagonistas Glória e Porfírio, permanentemente ameaçados pela miséria, compensam as agruras da vida pobre com a disposição de se amar de uma maneira física que poucas vezes aparece tão explícita na prosa machadiana. Sabemos, por exemplo, que Porfírio se enamora de Glória não pelo rosto, mas pelo corpo, acompanhando com seus "olhos de sátiro" a moça em seus "movimentos lépidos, graciosos, sensuais, mistura de cisne e de cabrita". Completamente fascinado, decidido a namorar e desposar Glória, desejoso de aproveitar mais plenamente os prazeres do amor, Porfírio chega a reservar o pouquíssimo que tinha para se matricular num curso de dança, no qual aprende valsa, mazurca, polca e quadrilha francesa. O casal se torna a atração dos bailes que frequenta. Sempre pronto a gastar o dinheiro que lhe chega às mãos para ver sua mulher mais bonita e viver mais feliz, Porfírio vai driblando as dificuldades e confiando na sorte, que um dia efetivamente lhe sorri com um bilhete premiado da loteria. Como diz o narrador, para Porfírio tanto a opulência como a miséria eram regidas pela "lei e o prestígio do amor", que de fato assume neste conto contornos muito singulares, de uma plenitude física e uma positividade muito raras no universo ficcional de Machado de Assis. O que nas mãos de um escritor naturalista poderia ser o prelúdio de uma tragédia acaba por se tornar a afirmação das possibilidades de conjunção do amor com a penúria material.

A REALIZAÇÃO NA ARTE

Se há algo que se aproxima do absoluto no universo ficcional machadiano, ele não vem associado ao amor, mas ao teatro, à literatura e principalmente à música. A arte, talvez por se basear na ilusão, parece ser a única dimensão possível para qualquer aproximação do absoluto, como fica sugerido tanto em "Trio em lá menor" como em "Cantiga de esponsais", em que a expressão do amor se desloca para a música, e mesmo assim para um "lá" difícil, se não impossível, de se alcançar.

Em "Curta história", temos dois namorados, Cecília e Juvêncio, que se amavam com ardor, ainda que com pouca paixão. O parco entusiasmo se devia principalmente ao rapaz, que, segundo o narrador, era um tanto sem graça: "não era bonito, nem afável, era seco, andava com as pernas muito juntas, e com a cara no chão, procurando alguma coisa". Mas eis que, um dia, o grande ator Rossi passa pela cidade para representar *Romeu e Julieta*, acendendo a imaginação e arrebatando as emoções de Cecília. Ela cai de amores por aquele Romeu, sentindo-se a própria Julieta e experimentando, pelo menos na imaginação, a grande voltagem amorosa. Terminada a peça, Cecília se compenetra de que seu Romeu era mesmo o Juvêncio, "vulgar, casmurro, quase sem maneiras". Aos poucos, esquece os devaneios amorosos e, comovida tão somente por amar Juvêncio, aperta sua mão, o que gera o comentário mordaz do narrador: "Isto quer dizer que todo amado vale um Romeu". A acomodação da fantasia à realidade fica arrematada pela notícia final de que Cecília e Juvêncio se casam, têm dois filhos etc., vivendo a vida matrimonial mediana, sem Romeu e Julieta no horizonte.

Em "Trio em lá menor", Maria Regina não consegue se decidir entre dois pretendentes: Maciel, um rapaz de 27 anos, de "belos olhos" e "fisionomia franca, meiga e boa"; e Miranda, um senhor de cinquenta anos, espiritualmente completo, mas com fisionomia "muito mais de pedra e fel". Para a moça, igualmente enamorada dos dois, ambos se completavam, de modo que ela os combinava, "olhando para um, e escutando o outro de memória", criando com isso uma única criatura perfeita no plano da imaginação: "Era a mesma insuficiência individual dos dois homens, e o mesmo complemento ideal por parte dela; daí um terceiro homem, que ela não conhecia". Tomada pelo ideal e pela imaginação, assim como a personagem Flora de *Esaú e Jacó* (1904), Maria Regina continua oscilando indefinidamente entre um e outro, como se tocasse sem parar uma sonata que consistisse na repetição da mesma nota: lá, lá, lá, que também remete ao lugar inatingível — lá é um advérbio de lugar que sempre indica o lugar onde não estamos. Dessa forma, o título sintético do conto remete tanto ao triângulo amoroso insolúvel quanto à impossibilidade do absoluto, da perfeição. É isso o que diz a voz surgida do abismo que fecha o conto: "— É a tua pena, alma curiosa de perfeição; a tua pena é oscilar por toda a eternidade entre dois astros incompletos, ao som desta velha sonata do absoluto: lá, lá, lá...".

"Cantiga de esponsais" conta a história de um músico solitário, mestre Romão, grande executor de partituras alheias, mas que na altura dos sessenta anos sente enorme frustração e melancolia por não conseguir compor, ou seja, por não alcançar traduzir em música o que ele próprio sente. A incapacidade criativa parece associada aos infortúnios de sua vida amorosa. Casado com uma moça muito bonita, a quem ama e por quem é amado, ele começa a compor um canto esponsalício três dias depois do casamento. Apesar das muitas tentativas, não consegue avançar na composição que deveria dar conta de expressar sua felicidade conjugal. Dois anos depois do casamento, fica viúvo, tornando ainda mais difícil "fixar no papel a sensação de felicidade extinta". Os anos passam e ele tenta desesperadamente e em vão "reaver um retalho da sensação extinta". Já doente, à beira da morte, depois de um fracasso amargado por toda a vida, vê pela janela um casal em plena lua de mel, agarrado um ao outro. No momento em que finalmente desiste de compor, rasgando o papel com seus eternos rabiscos, ouve a noiva "cantarolar à toa, inconscientemente, uma coisa nunca antes cantada nem sabida, na qual coisa um certo *lá* trazia após si uma linda frase musical, justamente a que mestre Romão procurara durante anos sem achar nunca". Diante da realização, por outra pessoa, da obra que sempre lhe fugiu, o mestre expira, pondo fim à sua infelicidade e tormenta.

Por fim, a leitura destas páginas, que podem ser percorridas em poucas horas, permite ao leitor entrar em contato com boa parte das ilusões e desilusões relativas ao amor, válidas tanto no tempo de Machado quanto no nosso. Lembrando mais uma vez Cortázar, saímos dos grandes contos "como de um ato de amor, esgotado e fora do mundo circundante, ao qual se volta pouco a pouco com um olhar de surpresa, de lento reconhecimento, muitas vezes de alívio e tantas outras de resignação"[2].

De fato, a leitura dos grandes contos de Machado de Assis, por mais duros, tristes e cruéis que sejam, nos oferece aquele "vasto prazer, quieto e profundo" que o próprio autor menciona em "A causa secreta" e encontramos nas grandes criações estéticas, que não deixam de ser também atos de amor do artista pela humanidade.

Hélio Guimarães

---

2. Julio Cortázar, op. cit, p. 231.

SOBRE ESTA EDIÇÃO

Como regra geral, a ortografia dos textos foi atualizada, incluindo os nomes próprios e estrangeirismos. As vírgulas separando sujeito e predicado, tão frequentes em Machado, foram suprimidas, e o uso do travessão foi modernizado.

MISSA DO GALO

Publicado pela primeira vez em 12 de maio de 1894 em
A Semana; incluído em 1899 no livro *Páginas recolhidas.*

Nunca pude entender a conversação que tive com uma senhora, há muitos anos, contava eu dezessete, ela trinta. Era noite de Natal. Havendo ajustado com um vizinho irmos à missa do galo, preferi não dormir; combinei que eu iria acordá-lo à meia-noite.

A casa em que eu estava hospedado era a do escrivão Meneses, que fora casado, em primeiras núpcias, com uma de minhas primas. A segunda mulher, Conceição, e a mãe desta acolheram-me bem, quando vim de Mangaratiba para o Rio de Janeiro, meses antes, a estudar preparatórios. Vivia tranquilo, naquela casa assobradada da rua do Senado, com os meus livros, poucas relações, alguns passeios. A família era pequena, o escrivão, a mulher, a sogra e duas escravas. Costumes velhos. Às dez horas da noite toda a gente estava nos quartos; às dez e meia a casa dormia. Nunca tinha ido ao teatro, e mais de uma vez, ouvindo dizer ao Meneses que ia ao teatro, pedi-lhe que me levasse consigo. Nessas ocasiões, a sogra fazia uma careta, e as escravas riam à socapa; ele não respondia, vestia-se, saía e só tornava na manhã seguinte. Mais tarde é que eu soube que o teatro era um eufemismo em ação. Meneses trazia amores com uma senhora, separada do marido, e dormia fora de casa uma vez por semana. Conceição padecera, a princípio, com a existência da comborça; mas, afinal, resignara-se, acostumara-se, e acabou achando que era muito direito.

Boa Conceição! Chamavam-lhe "a santa", e fazia jus ao título, tão facilmente suportava os esquecimentos do marido. Em verdade, era um temperamento moderado, sem extremos, nem grandes lágrimas, nem grandes risos. No capítulo de que trato, dava para maometana; aceitaria um harém, com as aparências salvas. Deus me perdoe, se a julgo mal. Tudo nela era atenuado e passivo. O próprio rosto era mediano, nem bonito nem feio. Era o que chamamos uma pessoa simpática. Não dizia mal de ninguém, perdoava tudo. Não sabia odiar; pode ser até que não soubesse amar.

Naquela noite de Natal foi o escrivão ao teatro. Era pelos anos de 1861 ou 1862. Eu já devia estar em Mangaratiba, em férias; mas fiquei até o Natal para ver "a missa do galo na Corte". A família recolheu-se à hora do costume; eu meti-me na sala da frente, vestido e pronto. Dali passaria ao corredor da entrada e sairia sem acordar ninguém. Tinha três chaves a porta; uma estava com o escrivão, eu levaria outra, a terceira ficava em casa.

— Mas, sr. Nogueira, que fará você todo esse tempo? — perguntou-me a mãe de Conceição.

— Leio, d. Inácia.

Tinha comigo um romance, os *Três mosqueteiros*, velha tradução creio do *Jornal do Comércio*. Sentei-me à mesa que havia no centro da sala, e à luz de um candeeiro de querosene, enquanto a casa dormia, trepei ainda uma vez ao cavalo magro de D'Artagnan e fui-me às aventuras. Dentro em pouco estava completamente ébrio de Dumas. Os minutos voavam, ao contrário do que costumam fazer, quando são de espera; ouvi bater onze horas, mas quase sem dar por elas, um acaso. Entretanto, um pequeno rumor que ouvi dentro veio acordar-me da leitura. Eram uns passos no corredor que ia da sala de visitas à de jantar; levantei a cabeça; logo depois vi assomar à porta da sala o vulto de Conceição.

— Ainda não foi? — perguntou ela.

— Não fui; parece que ainda não é meia-noite.

— Que paciência!

Conceição entrou na sala, arrastando as chinelinhas da alcova. Vestia um roupão branco, mal apanhado na cintura. Sendo magra, tinha um ar de visão romântica, não disparatada com o meu livro de aventuras. Fechei o livro; ela foi sentar-se na cadeira que ficava defronte de mim, perto do canapé. Como eu lhe perguntasse se a havia acordado, sem querer, fazendo barulho, respondeu com presteza:

— Não! qual! Acordei por acordar.

Fitei-a um pouco e duvidei da afirmativa. Os olhos não eram de pessoa que acabasse de dormir; pareciam não ter ainda pegado no sono. Essa observação, porém, que valeria alguma coisa em outro espírito, depressa a botei fora, sem advertir que talvez não dormisse justamente por minha causa, e mentisse para me não afligir ou aborrecer. Já disse que ela era boa, muito boa.

— Mas a hora já há de estar próxima — disse eu.

— Que paciência a sua de esperar acordado, enquanto o vizinho dorme! E esperar sozinho! Não tem medo de almas do outro mundo? Eu cuidei que se assustasse quando me viu.

— Quando ouvi os passos estranhei; mas a senhora apareceu logo.

— Que é que estava lendo? Não diga, já sei, é o romance dos *Mosqueteiros*.

— Justamente: é muito bonito.

— Gosta de romances?

— Gosto.

— Já leu a *Moreninha*?

— Do dr. Macedo? Tenho lá em Mangaratiba.

— Eu gosto muito de romances, mas leio pouco, por falta de tempo. Que romances é que você tem lido?

Comecei a dizer-lhe os nomes de alguns. Conceição ouvia-me com a cabeça reclinada no espaldar, enfiando os olhos por entre as pálpebras meio cerradas, sem os tirar de mim. De vez em quando passava a língua pelos beiços, para umedecê-los. Quando acabei de falar, não me disse nada;

ficamos assim alguns segundos. Em seguida, vi-a endireitar a cabeça, cruzar os dedos e sobre eles pousar o queixo, tendo os cotovelos nos braços da cadeira, tudo sem desviar de mim os grandes olhos espertos.

"Talvez esteja aborrecida", pensei eu.

E logo alto:

— D. Conceição, creio que vão sendo horas, e eu...

— Não, não, ainda é cedo. Vi agora mesmo o relógio; são onze e meia. Tem tempo. Você, perdendo a noite, é capaz de não dormir de dia?

— Já tenho feito isso.

— Eu, não; perdendo uma noite, no outro dia estou que não posso, e, meia hora que seja, hei de passar pelo sono. Mas também estou ficando velha.

— Que velha o quê, d. Conceição?

Tal foi o calor da minha palavra que a fez sorrir. De costume tinha os gestos demorados e as atitudes tranquilas; agora, porém, ergueu-se rapidamente, passou para o outro lado da sala e deu alguns passos, entre a janela da rua e a porta do gabinete do marido. Assim, com o desalinho honesto que trazia, dava-me uma impressão singular. Magra embora, tinha não sei que balanço no andar, como quem lhe custa levar o corpo; essa feição nunca me pareceu tão distinta como naquela noite. Parava algumas vezes, examinando um trecho de cortina ou consertando a posição de algum objeto no aparador; afinal deteve-se, ante mim, com a mesa de permeio. Estreito era o círculo das suas ideias; tornou ao espanto de me ver esperar acordado; eu repeti-lhe o que ela sabia, isto é, que nunca ouvira missa do galo na Corte, e não queria perdê-la.

— É a mesma missa da roça; todas as missas se parecem.

— Acredito; mas aqui há de haver mais luxo e mais gente também. Olhe, a semana santa na Corte é mais bonita que na roça. S. João não digo, nem Santo Antônio...

Pouco a pouco, tinha-se inclinado; fincara os cotovelos no mármore da mesa e metera o rosto entre as mãos espalmadas. Não estando abotoadas, as mangas caíram naturalmente, e eu vi-lhe metade dos braços, muito claros, e menos magros do que se poderiam supor. A vista não era nova para mim, posto também não fosse comum; naquele momento, porém, a impressão que tive foi grande. As veias eram tão azuis, que apesar da pouca claridade, podia contá-las do meu lugar. A presença de Conceição espertara-me ainda mais que o livro. Continuei a dizer o que pensava das festas da roça e da cidade, e de outras coisas que me iam vindo à boca. Falava emendando os assuntos, sem saber por que, variando deles ou tornando aos primeiros, e rindo para fazê-la sorrir e ver-lhe os dentes que luziam de brancos, todos iguaizinhos. Os olhos dela não eram bem negros, mas escuros; o nariz, seco e longo, um tantinho curvo, dava-lhe ao rosto um ar interrogativo. Quando eu alteava um pouco a voz, ela reprimia-me:

— Mais baixo! mamãe pode acordar.

E não saía daquela posição, que me enchia de gosto, tão perto ficavam as nossas caras. Realmente, não era preciso falar alto para ser ouvido; cochichávamos os dois, eu mais que ela, porque falava mais; ela, às vezes, ficava séria, muito séria, com a testa um pouco franzida. Afinal, cansou; trocou de atitude e de lugar. Deu volta à mesa e veio sentar-se do meu lado, no canapé. Voltei-me, e pude ver, a furto, o bico das chinelas; mas foi só o tempo que ela gastou em sentar-se, o roupão era comprido e cobriu-as logo. Recordo-me que eram pretas. Conceição disse baixinho:

— Mamãe está longe, mas tem o sono muito leve; se acordasse agora, coitada, tão cedo não pegava no sono.

— Eu também sou assim.

— O quê? — perguntou ela inclinando o corpo para ouvir melhor.

Fui sentar-me na cadeira que ficava ao lado do canapé e repeti a palavra. Riu-se da coincidência; também ela tinha o sono leve; éramos três sonos leves.

— Há ocasiões em que sou como mamãe; acordando, custa-me dormir outra vez, rolo na cama, à toa, levanto-me, acendo vela, passeio, torno a deitar-me e nada.

— Foi o que lhe aconteceu hoje.

— Não, não — atalhou ela.

Não entendi a negativa; ela pode ser que também não a entendesse. Pegou das pontas do cinto e bateu com elas sobre os joelhos, isto é, o joelho direito, porque acabava de cruzar as pernas. Depois referiu uma história de sonhos, e afirmou-me que só tivera um pesadelo, em criança. Quis saber se eu os tinha. A conversa reatou-se assim lentamente, longamente, sem que eu desse pela hora nem pela missa. Quando eu acabava uma narração ou uma explicação, ela inventava outra pergunta ou outra matéria, e eu pegava novamente na palavra. De quando em quando, reprimia-me:

— Mais baixo, mais baixo...

Havia também umas pausas. Duas outras vezes, pareceu-me que a via dormir; mas os olhos, cerrados por um instante, abriam-se logo sem sono nem fadiga, como se ela os houvesse fechado para ver melhor. Uma dessas vezes creio que deu por mim embebido na sua pessoa, e lembra-me que os tornou a fechar, não sei se apressada ou vagarosamente. Há impressões dessa noite, que me aparecem truncadas ou confusas. Contradigo-me, atrapalho-me. Uma das que ainda tenho frescas é que, em certa ocasião, ela, que era apenas simpática, ficou linda, ficou lindíssima. Estava de pé, os braços cruzados; eu, em respeito a ela, quis levantar-me; não consentiu, pôs uma das mãos no meu ombro, e obrigou-me a estar sentado. Cuidei que ia dizer alguma coisa; mas estremeceu, como se tivesse um arrepio de frio, voltou as costas e foi sentar-se na cadeira, onde me achara lendo. Dali relanceou a vista pelo espelho, que ficava por cima do canapé, falou de duas gravuras que pendiam da parede.

— Estes quadros estão ficando velhos. Já pedi a Chiquinho para comprar outros.

Chiquinho era o marido. Os quadros falavam do principal negócio deste homem. Um representava "Cleópatra"; não me recordo o assunto do outro, mas eram mulheres. Vulgares ambos; naquele tempo não me pareciam feios.

— São bonitos — disse eu.

— Bonitos são; mas estão manchados. E depois francamente, eu preferia duas imagens, duas santas. Estas são mais próprias para sala de rapaz ou de barbeiro.

— De barbeiro? A senhora nunca foi a casa de barbeiro.

— Mas imagino que os fregueses, enquanto esperam, falam de moças e namoros, e naturalmente o dono da casa alegra a vista deles com figuras bonitas. Em casa de família é que não acho próprio. É o que eu penso; mas eu penso muita coisa assim esquisita. Seja o que for, não gosto dos quadros. Eu tenho uma Nossa Senhora da Conceição, minha madrinha, muito bonita; mas é de escultura, não se pode pôr na parede, nem eu quero. Está no meu oratório.

A ideia do oratório trouxe-me a da missa, lembrou-me que podia ser tarde e quis dizê-lo. Penso que cheguei a abrir a boca, mas logo a fechei para ouvir o que ela contava, com doçura, com graça, com tal moleza que trazia preguiça à minha alma e fazia esquecer a missa e a igreja. Falava das suas devoções de menina e moça. Em seguida referia umas anedotas de baile, uns casos de passeio, reminiscências de Paquetá, tudo de mistura, quase sem interrupção. Quando cansou do passado, falou do presente, dos negócios da casa, das canseiras de família, que lhe diziam ser muitas, antes de casar, mas não eram nada. Não me contou, mas eu sabia que casara aos vinte e sete anos.

Já agora não trocava de lugar, como a princípio, e quase não saíra da mesma atitude. Não tinha os grandes olhos compridos, e entrou a olhar à toa para as paredes.

— Precisamos mudar o papel da sala — disse daí a pouco, como se falasse consigo.

Concordei, para dizer alguma coisa, para sair da espécie de sono magnético, ou o que quer que era que me tolhia a língua e os sentidos. Queria e não queria acabar a conversação; fazia esforço para arredar os olhos dela, e arredava-os por um sentimento de respeito; mas a ideia de parecer que era aborrecimento, quando não era, levava-me os olhos outra vez para Conceição. A conversa ia morrendo. Na rua, o silêncio era completo.

Chegamos a ficar por algum tempo — não posso dizer quanto — inteiramente calados. O rumor único e escasso era um roer de camundongo no gabinete, que me acordou daquela espécie de sonolência; quis falar dele, mas não achei modo. Conceição parecia estar devaneando. Subitamente, ouvi uma pancada na janela, do lado de fora, e uma voz que bradava: "Missa do galo! missa do galo!".

— Aí está o companheiro — disse ela levantando-se. — Tem graça; você é que ficou de ir acordá-lo, ele é que vem acordar você. Vá, que hão de ser horas; adeus.

— Já serão horas? — perguntei.

— Naturalmente.

— Missa do galo! — repetiram de fora, batendo.

— Vá, vá, não se faça esperar. A culpa foi minha. Adeus; até amanhã.

E com o mesmo balanço do corpo, Conceição enfiou pelo corredor dentro, pisando mansinho. Saí à rua e achei o vizinho que esperava. Guiamos dali para a igreja. Durante a missa, a figura de Conceição interpôs-se mais de uma vez, entre mim e o padre; fique isto à conta dos meus dezessete anos. Na manhã seguinte, ao almoço, falei da missa do galo e da gente que estava na igreja sem excitar a curiosidade de Conceição. Durante o dia, achei-a como sempre, natural, benigna, sem nada que fizesse lembrar a conversação da véspera. Pelo Ano-Bom fui para Mangaratiba. Quando tornei ao Rio de Janeiro, em março, o escrivão tinha morrido de apoplexia. Conceição morava no Engenho Novo, mas nem a visitei nem a encontrei. Ouvi mais tarde que casara com o escrevente juramentado do marido.

CURTA HISTÓRIA

Publicado pela primeira vez em 31 de maio de 1886
na revista *A Estação*.

A leitora ainda há de lembrar-se do Rossi, o ator Rossi, que aqui nos deu tantas obras-primas do teatro inglês, francês e italiano. Era um homenzarrão, que uma noite era terrível como Otelo, outra noite meigo como Romeu. Não havia duas opiniões, quaisquer que fossem as restrições; assim pensava a leitora, assim pensava uma d. Cecília, que está hoje casada e com filhos.

Naquele tempo esta Cecília tinha dezoito anos e um namorado. A desproporção era grande; mas explica-se pelo ardor com que ela amava aquele único namorado, Juvêncio de tal. Note-se que ele não era bonito, nem afável, era seco, andava com as pernas muito juntas, e com a cara no chão, procurando alguma coisa. A linguagem dele era tal qual a pessoa, também seca, e também andando com os olhos no chão, uma linguagem que, para ser de cozinheiro, só lhe faltava sal. Não tinha ideias, não apanhava mesmo as dos outros; abria a boca, dizia isto ou aquilo, tornava a fechá-la, para abrir e repetir a operação.

Muitas amigas de Cecília admiravam-se da paixão que este Juvêncio lhe inspirara; todas contavam que era um passatempo, e que o arcanjo que devia vir buscá-la para levá-la ao paraíso estava ainda pregando as asas; acabando de as pregar, descia, tomava-a nos braços e sumia-se pelo céu acima.

Apareceu Rossi, revolucionou toda a cidade. O pai de Cecília prometeu à família que a levaria a ver o grande trágico. Cecília lia sempre os anúncios, e o resumo das peças que alguns jornais davam. *Julieta e Romeu* encantou-a, já pela notícia vaga que tinha da peça, já pelo resumo que leu em uma folha, e que a deixou curiosa e ansiosa. Pediu ao pai que comprasse bilhete, ele comprou-o e foram.

Juvêncio, que já tinha ido a uma representação, e que a achou insuportável (era *Hamlet*) iria a esta outra por causa de estar ao pé de Cecília, a quem ele amava deveras; mas por desgraça apanhou uma constipação, e ficou em casa para tomar um suadouro, disse ele. E aqui se vê a singeleza deste homem, que podia dizer enfaticamente um sudorífico; mas disse como a mãe lhe ensinou, como ele ouvia a gente de casa. Não sendo coisa de cuidado, não entristeceu muito a moça; mas sempre lhe ficou algum pesar de o não ver ao pé de si. Era melhor ouvir Romeu e olhar para ele...

Cecília era romanesca, e consolou-se depressa. Olhava para o pano, ansiosa de o ver erguer-se. Uma prima, que ia com ela, chamava-lhe a atenção para as toaletes elegantes, ou para as pessoas que iam entrando; mas Cecília dava a tudo isso um olhar distraído. Toda ela estava impaciente de ver subir o pano.

— Quando sobe o pano? — perguntava ela ao pai.

— Descansa, que não tarda.

Subiu afinal o pano, e começou a peça. Cecília não sabia inglês nem italiano. Lera uma tradução da peça cinco vezes, e, apesar disso, levou-a para o teatro. Assistiu às primeiras cenas ansiosa. Entrou Romeu, elegante e belo, e toda ela comoveu-se; viu depois entrar a divina Julieta, mas as cenas eram indiferentes, os dois não se falavam logo; ouviu-os, porém, falar no baile de máscaras, adivinhou o que sabia, bebeu de longe as palavras eternamente belas que iam cair dos lábios de ambos.

Foi o segundo ato que as trouxe; foi aquela cena imortal da janela que comoveu até as entranhas a pessoa de Cecília. Ela ouvia as de Julieta, como se ela própria as dissesse; ouvia as de Romeu, como se Romeu falasse a ela própria. Era Romeu que a amava. Ela era Cecília ou Julieta, ou qualquer outro nome, que aqui importava menos que na peça. "Que importa um nome?", perguntava Julieta no drama; e Cecília com os olhos em Romeu parecia perguntar-lhe a mesma coisa. Que importa que eu não seja a tua Julieta, sou a tua Cecília; seria a tua Amélia, a tua Mariana; tu é que serias sempre e serás o meu Romeu.

A comoção foi grande. No fim do ato, a mãe notou-lhe que ela estivera muita agitada durante algumas cenas.

— Mas os artistas são bons! — explicava ela.

— Isso é verdade — acudiu o pai —, são bons a valer. Eu, que não entendo nada, parece que estou entendendo tudo...

Toda a peça foi para Cecília um sonho. Ela viveu, amou, morreu com os namorados de Verona. E a figura do Romeu vinha com ela, viva e suspirando as mesmas palavras deliciosas. A prima, à saída, cuidava só da saída. Olhava para os moços. Cecília não olhava para ninguém, deixara os olhos no teatro, os olhos e o coração...

No carro, em casa, ao despir-se para dormir, era Romeu que estava com ela; era Romeu que deixou a eternidade para vir encher-lhe os sonhos. Com efeito, ela sonhou as mais lindas cenas do mundo, uma paisagem, uma baía, uma missa, um pedaço daqui, outro dali, tudo com Romeu, nenhuma vez com Juvêncio.

Nenhuma vez, pobre Juvêncio! Nenhuma vez. A manhã veio com as suas cores vivas; o prestígio da noite passara um pouco, mas a comoção ficara ainda, a comoção da palavra divina. Nem se lembrou de mandar saber de Juvêncio; a mãe é que mandou lá, como boa mãe, porque este Juvêncio tinha certo número de apólices, que... Mandou saber; o rapaz estava bom; lá iria logo.

E veio, veio à tarde, sem as palavras de Romeu, sem as ideias, ao menos de toda a gente, vulgar, casmurro, quase sem maneiras; veio, e Cecília, que almoçara e jantara com Romeu, lera a peça ainda uma vez durante o dia, para saborear a música da véspera, Cecília apertou-lhe a mão comovida, tão somente porque o amava. Isto quer dizer que todo amado vale um Romeu. Casaram-se meses depois; têm agora dois filhos, parece que muito bonitos e inteligentes. Saem a ela.

TERPSÍCORE

Publicado pela primeira vez em
25 de março de 1886 na *Gazeta de Notícias*.

Glória, abrindo os olhos, deu com o marido sentado na cama, olhando para a parede, e disse-lhe que se deitasse, que dormisse, ou teria de ir para a oficina com sono.

— Que dormir o que, Glória? Já deram seis horas.

— Jesus! Há muito tempo?

— Deram agora mesmo.

Glória arredou de cima de si a colcha de retalhos, procurou com os pés as chinelas, calçou-as, e levantou-se da cama; depois, vendo que o marido ali ficava na mesma posição, com a cabeça entre os joelhos, chegou-se a ele, puxou-o por um braço, dizendo-lhe carinhosamente que não se amofinasse, que Deus arranjaria as coisas.

— Tudo há de acabar bem, Porfírio. Você mesmo acredita que o senhorio bote os nossos trastes no Depósito? Não acredite; eu não acredito. Diz aquilo para ver se a gente arranja o dinheiro.

— Sim, mas é que eu não arranjo, nem sei onde hei de buscar seis meses de aluguel. Seis meses, Glória; quem é que me há de emprestar tanto dinheiro? Seu padrinho já disse que não dá mais nada.

— Vou falar com ele.

— Qual, é à toa.

— Vou, peço-lhe muito. Vou com mamãe; ela e eu pedindo…

Porfírio abanou a cabeça.

— Não, não — disse ele. Você sabe o que é melhor? O melhor é arranjar casa por estes dias, até sábado; mudamo--nos, e depois então veremos se se pode pagar. Seu padrinho o que podia era dar uma carta de fiança... Diabo! tanta despesa! Conta em toda a parte! é a venda! é a padaria! é o diabo que os carregue. Não posso mais. Gasto todo o santo dia manejando a ferramenta, e o dinheiro nunca chega. Não posso, Glória, não posso mais...

Porfírio deu um salto da cama, e foi preparar-se para sair, enquanto a mulher, lavada a cara às pressas, e despenteada, cuidou de fazer-lhe o almoço. O almoço era sumário: café e pão. Porfírio engoliu-o em poucos minutos, na ponta da mesa de pinho, com a mulher defronte, risonha de esperança para animá-lo. Glória tinha as feições irregulares e comuns; mas o riso dava-lhe alguma graça. Nem foi pela cara que ele se enamorou dela; foi pelo corpo, quando a viu polcar, uma noite, na rua da Imperatriz. Ia passando, e parou defronte da janela aberta de uma casa onde se dançava. Já achou na calçada muitos curiosos. A sala, que era pequena, estava cheia de pares, mas pouco a pouco foram-se todos cansando ou cedendo o passo à Glória.

— Bravos à rainha! — exclamou um entusiasta.

Da rua, Porfírio cravou nela uns olhos de sátiro, acompanhou-a em seus movimentos lépidos, graciosos, sensuais, mistura de cisne e de cabrita. Toda a gente dava lugar, apertava-se nos cantos, no vão das janelas, para que ela tivesse o espaço necessário à expansão das saias, ao tremor cadenciado dos quadris, à troca rápida dos giros, para a direita e para a esquerda. Porfírio misturava já à admiração o ciúme; tinha ímpetos de entrar e quebrar a cara ao sujeito que dançava com ela, rapagão alto e espadaúdo, que se curvava todo, cingindo-a pelo meio.

No dia seguinte acordou resoluto a namorá-la e desposá-la. Cumpriu a resolução em pouco tempo, parece que um semestre. Antes, porém, de casar, logo depois de começar o namoro, Porfírio tratou de preencher uma lacuna da sua educação; tirou dez mil-réis mensais à féria do ofício, entrou para um curso de dança, onde aprendeu a valsa, a mazurca, a polca e a quadrilha francesa. Dia sim, dia não, gastava ali duas horas por noite, ao som de um oficlide e de uma flauta, em companhia de alguns rapazes e de meia dúzia de costureiras magras e cansadas. Em pouco tempo estava mestre. A primeira vez que dançou com a noiva foi uma revelação: os mais hábeis confessavam que ele não dançava mal, mas diziam isso com um riso amarelo, e uns olhos muito compridos. Glória derretia-se de contentamento.

Feito isso, tratou ele de ver casa, e achou esta em que mora, não grande, antes pequena, mas adornada na frontaria por uns arabescos que lhe levaram os olhos. Não gostou do preço, regateou algum tempo, cedendo ora dois mil--réis, ora um, ora três, até que, vendo que o dono não cedia nada, cedeu ele tudo.

Tratou das bodas. A futura sogra propôs-lhe que fossem a pé para a igreja, que ficava perto; ele rejeitou a proposta com seriedade, mas em particular com a noiva e os amigos riu da extravagância da velha: uma coisa que nunca se viu, noivos, padrinhos, convidados, tudo a pé, à laia de procissão; era caso de levar assobio. Glória explicou-lhe que a intenção da mãe era poupar despesas. Que poupar despesas? Mas se num dia grande como esse não se gastava alguma coisa, quando é que se havia de gastar? Nada; era moço, era forte, trabalho não lhe metia medo. Contasse ela com um bonito cupê, cavalos brancos, cocheiros de farda até abaixo e galão no chapéu.

E assim se cumpriu tudo; foram bodas de estrondo, muitos carros, baile até de manhã. Nenhum convidado queria acabar de sair; todos forcejavam por fixar esse raio de ouro, como um hiato esplêndido na velha noite do trabalho sem tréguas. Mas acabou; o que não acabou foi a lembrança da festa, que perdurou na memória de todos, e servia de termo de comparação para as outras festas do bairro, ou de pessoas conhecidas. Quem emprestou dinheiro para tudo isso foi o padrinho do casamento, dívida que nunca lhe pediu depois, e lhe perdoou à hora da morte.

Naturalmente, apagadas as velas e dormidos os olhos, a realidade empolgou o pobre marceneiro, que a esquecera por algumas horas. A lua de mel foi como a de um simples duque; todas se parecem, em substância; é a lei e o prestígio do amor. A diferença é que Porfírio voltou logo para a tarefa de todos os dias. Trabalhava sete e oito horas numa loja. As alegrias da primeira fase trouxeram despesas excedentes, a casa era cara, a vida foi se tornando áspera, e as dívidas foram vindo, sorrateiras e miudinhas, agora dois mil-réis, logo cinco, amanhã sete e nove. A maior de todas era a da casa, e era também a mais urgente, pois o senhorio marcara-lhe o prazo de oito dias para o pagamento, ou metia-lhe os trastes no Depósito.

Tal é a manteiga com que ele vai untando agora o pão do almoço. É a única, e tem já o ranço da miséria que se aproxima. Comeu às pressas, e saiu, quase sem responder aos beijos da mulher. Vai tonto, sem saber que faça; as ideias batem-lhe na cabeça à maneira de pássaros espantados dentro de uma gaiola. Vida dos diabos! tudo caro! tudo pela hora da morte! E os ganhos eram sempre os mesmos. Não sabia onde iria parar, se as coisas não tomassem outro pé; assim é que não podia continuar. E soma as dívidas: tanto aqui, tanto ali, tanto acolá, mas perde-se na conta ou deixa-se perder de propósito, para não encarar todo o mal. De caminho, vai olhando para as casas grandes, sem ódio — ainda não tem ódio às riquezas —, mas com saudade, uma saudade de coisas que não conhece, de uma vida lustrosa e fácil, toda alagada de gozos infinitos...

Às ave-marias, voltando a casa, achou Glória abatida. O padrinho respondeu-lhe que eles tinham as mãos rotas, e não dava mais nada enquanto fossem um par de malucos.

— Mas o que dizia eu a você, Glória? Para que é que você foi lá? Ou então era melhor ter pedido uma carta de fiança para outro senhorio... Par de malucos! Maluco é ele!

Glória aquietou-o, e falou-lhe de paciência e resolução. Agora, o melhor era mesmo ver outra casa mais barata, pedir uma espera, e depois arranjar meios e modos de pagar tudo.

E paciência, muita paciência. Ela pela sua parte contava com a madrinha do céu. Porfírio foi ouvindo, estava já tranquilo; nem ele pedia outra coisa mais que esperanças. A esperança é a apólice do pobre; ele ficou abastado por alguns dias.

No sábado, voltando para a casa com a féria no bolso, foi tentado por um vendedor de bilhetes de loteria, que lhe ofereceu dois décimos das Alagoas, os últimos. Porfírio sentiu uma coisa no coração, um palpite, vacilou, andou, recuou e acabou comprando. Calculou que, no pior caso, perdia dois mil e quatrocentos; mas podia ganhar, e muito, podia tirar um bom prêmio e arrancava o pé do lodo, pagava tudo, e talvez ainda sobrasse dinheiro. Quando não sobrasse, era bom negócio. Onde diabo iria ele buscar dinheiro para saldar tanta coisa? Ao passo que um prêmio, assim inesperado, vinha do céu. Os números eram bonitos. Ele, que não tinha cabeça aritmética, já os levava de cor. Eram bonitos, bem combinados, principalmente um deles, por causa de um cinco repetido e de um nove no meio. Não era certo, mas podia ser que tirasse alguma coisa.

Chegando à casa — na rua de S. Diogo —, ia mostrar os bilhetes à mulher, mas recuou; preferiu esperar. A roda andava dali a dois dias. Glória perguntou-lhe se achara casa; e, no domingo, disse-lhe que fosse ver alguma. Porfírio saiu, não achou nada, e voltou sem desespero. De tarde, perguntou rindo à mulher o que é que ela lhe daria se ele lhe trouxesse naquela semana um vestido de seda. Glória levantou os ombros. Seda não era para eles. E por que é que não havia de ser? Em que é que as outras moças eram melhores que ela? Não fosse ele pobre, e ela andaria de carro...

— Mas é justamente isso, Porfírio; nós não podemos.

Sim, mas Deus às vezes também se lembra da gente; enfim, não podia dizer mais nada. Ficasse ela certa de que tão depressa as coisas... Mas não; depois falaria. Calava-se por superstição; não queria assustar a fortuna. E mirando a mulher, com olhos derretidos, despia-lhe o vestido de chita, surrado e desbotado, e substituía-o por outro de seda azul — havia de ser azul —, com fofos ou rendas, mas coisa que mostrasse bem a beleza do corpo da mulher... E esquecendo-se, em voz alta:

— Corpo como não há de haver muitos no mundo.

— Corpo quê, Porfírio? Você parece doido — disse Glória, espantada.

Não, não era doido, estava pensando naquele corpo que Deus lhe deu a ela... Glória torcia-se na cadeira, rindo, tinha muitas cócegas; ele retirou as mãos, e lembrou-lhe o acaso que o levou uma noite a passar pela rua da Imperatriz, onde a viu dançando, toda dengosa. E, falando, pegou dela pela cintura e começou a dançar com ela, cantarolando uma polca; Glória, arrastada por ele, entrou também a dançar a sério, na sala estreita, sem orquestra nem espectadores. Contas, aluguéis atrasados, nada veio ali dançar com eles.

Mas a fortuna espreitava-os. Dias depois, andando a roda, um dos bilhetes do Porfírio saiu premiado, tirou quinhentos mil-réis. Porfírio, alvoroçado, correu para a casa. Durante os primeiros minutos não pôde reger o espírito. Só deu acordo de si no Campo da Aclamação. Era ao fim da tarde; iam-se desdobrando as primeiras sombras da noite. E os quinhentos mil-réis eram como outras tantas mil estrelas na imaginação do pobre-diabo, que não via nada, nem as pessoas que lhe passavam ao pé, nem os primeiros lampiões, que se iam acendendo aqui e ali. Via os quinhentos mil-réis. Bem dizia ele que havia de tirar o pé do lodo; Deus não desampara os seus. E falava só resmungando, ou então ria; outras vezes dava ao corpo um ar superior. Na entrada da rua de S. Diogo achou um conhecido que o consultou sobre o modo prático de reunir alguns amigos e fundar uma irmandade de S. Carlos. Porfírio respondeu afoitamente:

— A primeira coisa é ter em caixa, logo, uns duzentos ou trezentos mil-réis.

Atirava assim quantias grandes, embriagava-se de centenas. Mas o amigo explicou-lhe que o primeiro passo era reunir gente, depois viria dinheiro; Porfírio, que já não pensava nisso, concordou e foi andando. Chegou a casa, espiou pela janela aberta, viu a mulher cosendo na sala, ao candeeiro, e bradou-lhe que abrisse a porta. Glória correu à porta assustada, ele quase que a deita no chão, abraçando-a muito, falando, rindo, pulando, tinham dinheiro, tudo pago, um vestido; Glória perguntava o que era, pedia-lhe que se explicasse, que sossegasse primeiro. Que havia de ser? Quinhentos mil-réis. Ela não quis crer; onde é que ele foi arranjar quinhentos mil-réis? Então Porfírio contou-lhe tudo, comprara dois décimos, dias antes, e não lhe disse nada, a ver primeiro se saía alguma coisa; mas estava certo que saía; o coração nunca o enganou.

Glória abraçou-o então com lágrimas. Graças a Deus, tudo estava salvo.

E chegaria para pagar as dívidas todas? Chegava: Porfírio demonstrou-lhe que ainda sobrava dinheiro e foi fazer as contas com ela, ao canto da mesa. Glória ouvia em boa--fé, pois só sabia contar por dúzias; as centenas de mil-réis não lhe entravam na cabeça. Ouvia em boa-fé, calada, com os olhos nele, que ia contando devagar para não errar. Feitas as contas, sobravam perto de duzentos mil-réis.

— Duzentos? Vamos botar na Caixa.

— Não contando — acudiu ele —, não contando certa coisa que hei de comprar; uma coisa... Adivinha o que é?

— Não sei.

— Quem é que precisa de um vestido de seda, coisa chique, feito na modista?

— Deixa disso, Porfírio. Que vestido, o quê? Pobre não tem luxo. Bota o dinheiro na Caixa.

— O resto boto; mas o vestido há de vir. Não quero mulher esfarrapada. Então, pobre não veste? Não digo lá comprar uma dúzia de vestidos, mas um, que mal faz? Você pode ter necessidade de ir a alguma parte, assim mais arranjadinha. E depois, você nunca teve um vestido feito por francesa.

Porfírio pagou tudo e comprou o vestido. Os credores, quando o viam entrar, franziam a cara; ele, porém, em vez de desculpas, dava-lhes dinheiro, com tal naturalidade que parecia nunca ter feito outra coisa. Glória ainda opôs resistência ao vestido; mas era mulher, cedeu ao adorno e à moda. Só não consentiu em mandá-lo fazer. O preço do feitio e o resto do dinheiro deviam ir para a Caixa Econômica.

— E por que é que há de ir para a Caixa? — perguntou ele ao fim de oito dias.

— Para alguma necessidade — respondeu a mulher.

Porfírio refletiu, deu duas voltas, chegou-se a ela e pegou-lhe no queixo; esteve assim alguns instantes, olhando fixo.

Depois, abanando a cabeça:

— Você é uma santa. Vive aqui metida no trabalho; entra mês, sai mês, e nunca se diverte: nunca tem um dia que se diga de refrigério. Isto até é mau para a saúde.

— Pois vamos passear.

— Não digo isso. Passear só não basta. Se passear bastasse, cachorro não morria de lepra — acrescentou ele, rindo muito da própria ideia. O que eu digo é outra coisa. Falemos franco, vamos dar um pagode.

Glória opôs-se logo, instou, rogou, zangou-se; mas o marido tinha argumentos para tudo. Contavam eles com esse dinheiro? Não; podiam estar como dantes, devendo os cabelos da cabeça, ao passo que assim ficava tudo pago, e divertiam-se. Era até um modo de agradecer o benefício a Nosso Senhor. Que é que se levava da vida? Todos se divertiam; os mais reles sujeitos achavam um dia de festa; eles é que haviam de gastar os anos como se fossem escravos? E ainda ele, Porfírio, espairecia um pouco, via na rua uma coisa ou outra; ela, porém, o que é que via? Nada, não via nada; era só trabalho e mais trabalho. E depois, como é que ela havia de estrear o vestido de seda?

— No dia da Glória, vamos à festa da Glória.

Porfírio refletiu um instante.

— Uma coisa não impede a outra — disse ele. — Não convido muita gente, não; patuscada de família; convido o Firmino e a mulher, as filhas do defunto Ramalho, a comadre Purificação, o Borges...

— Mais ninguém, Porfírio; isso basta.

Porfírio esteve por tudo, e pode ser que sinceramente;

mas os preparativos da festa vieram agravar a febre, que chegou ao delírio. Queria festa de estrondo, coisa que desse o que falar. No fim de uma semana eram trinta os convidados. Choviam pedidos; falava-se muito do pagode que o Porfírio ia dar, e do prêmio que ele tirara na loteria, uns diziam dois contos de réis, outros três e ele, interrogado, não retificava nada, sorria, evitava responder; alguns concluíam que os contos eram quatro, e ele sorria ainda mais, cheio de mistérios.

Chegou o dia. Glória, iscada da febre do marido, vaidosa com o vestido de seda, estava no mesmo grau de entusiasmo. Às vezes, pensava no dinheiro, e recomendava ao marido que se contivesse, que salvasse alguma coisa para pôr na Caixa; ele dizia que sim, mas contava mal, e o dinheiro ia ardendo... Depois de um jantar simples e alegre, começou o baile, que foi de estrondo, tão concorrido que não se podia andar.

Glória era a rainha da noite. O marido, apesar de preocupado com os sapatos — novos e de verniz —, olhava para ela com olhos de autor. Dançaram muitas vezes, um com o outro, e a opinião geral é que ninguém os desbancava; mas dividiam-se com os convidados, familiarmente. Deram três, quatro, cinco horas. Às cinco havia um terço das pessoas, velha guarda imperial, que o Porfírio comandava, multiplicando-se, gravata ao lado, suando em bica, concertando aqui umas flores, arrebatando ali uma criança que ficara a dormir a um canto e indo levá-la para a alcova, alastrada de outras. E voltava logo batendo palmas, bradando que não esfriassem, que um dia não eram dias, que havia tempo de dormir em casa.

Então o oficlide roncava alguma coisa, enquanto as últimas velas expiravam dentro das mangas de vidro e nas arandelas.

TRIO EM LÁ MENOR

Publicado pela primeira vez em 20 de janeiro de 1886 na
Gazeta de Notícias; incluído em 1896 no livro *Várias histórias*.

I. ADAGIO CANTABILE

Maria Regina acompanhou a avó até o quarto, despediu-se e recolheu-se ao seu. A mucama que a servia, apesar da familiaridade que existia entre elas, não pôde arrancar-lhe uma palavra, e saiu, meia hora depois, dizendo que nhanhã estava muito séria. Logo que ficou só, Maria Regina sentou-se ao pé da cama, com as pernas estendidas, os pés cruzados, pensando.

A verdade pede que diga que esta moça pensava amorosamente em dois homens ao mesmo tempo, um de vinte e sete anos, Maciel, outro de cinquenta, Miranda. Convenho que é abominável, mas não posso alterar a feição das coisas, não posso negar que se os dois homens estão namorados dela, ela não o está menos de ambos. Uma esquisita, em suma; ou, para falar como as suas amigas de colégio, uma desmiolada. Ninguém lhe nega coração excelente e claro espírito; mas a imaginação é que é o mal, uma imaginação adusta e cobiçosa, insaciável principalmente, avessa à realidade, sobrepondo às coisas da vida outras de si mesmas; daí curiosidades irremediáveis.

A visita dos dois homens (que a namoravam de pouco) durou cerca de uma hora. Maria Regina conversou alegremente com eles, e tocou ao piano uma peça clássica, uma sonata, que fez a avó cochilar um pouco. No fim discutiram música. Miranda disse coisas pertinentes acerca da música moderna e antiga; a avó tinha a religião de Bellini e da *Norma*, e falou das toadas do seu tempo, agradáveis, saudosas e principalmente claras. A neta ia com as opiniões do Miranda; Maciel concordou polidamente com todos.

Ao pé da cama, Maria Regina reconstruía agora tudo isso, a visita, a conversação, a música, o debate, os modos de ser de um e de outro, as palavras do Miranda e os belos olhos do Maciel. Eram onze horas, a única luz do quarto era a lamparina, tudo convidava ao sonho e ao devaneio. Maria Regina, à força de recompor a noite, viu ali dois homens ao pé dela, ouviu-os, e conversou com eles durante uma porção de minutos, trinta ou quarenta, ao som da mesma sonata tocada por ela: lá, lá, lá...

II. ALLEGRO MA NON TROPPO

No dia seguinte a avó e a neta foram visitar uma amiga na Tijuca. Na volta a carruagem derrubou um menino que atravessava a rua, correndo. Uma pessoa que viu isto, atirou-se aos cavalos e, com perigo de si própria, conseguiu detê-los e salvar a criança, que apenas ficou ferida e desmaiada. Gente, tumulto, a mãe do pequeno acudiu em lágrimas, Maria Regina desceu do carro e acompanhou o ferido até à casa da mãe, que era ali ao pé.

Quem conhece a técnica do destino adivinha logo que a pessoa que salvou o pequeno foi um dos dois homens da outra noite; foi o Maciel. Feito o primeiro curativo, o Maciel acompanhou a moça até à carruagem e aceitou o lugar que a avó lhe ofereceu até à cidade. Estavam no Engenho Velho. Na carruagem é que Maria Regina viu que o rapaz trazia a mão ensanguentada. A avó inquiria a miúdo se o pequeno estava muito mal, se escaparia; Maciel disse-lhe que os ferimentos eram leves. Depois contou o acidente: estava parado, na calçada, esperando que passasse um tílburi, quando viu o pequeno atravessar a rua por diante dos cavalos; compreendeu o perigo, e tratou de conjurá-lo, ou diminuí-lo.

— Mas está ferido — disse a velha.

— Coisa de nada.

— Está, está — acudiu a moça —; podia ter-se curado também.

— Não é nada — teimou ele —; foi um arranhão, enxugo isto com o lenço.

Não teve tempo de tirar o lenço; Maria Regina ofereceu-lhe o seu. Maciel, comovido, pegou nele, mas hesitou em maculá-lo. Vá, vá, dizia-lhe ela; e vendo-o acanhado, tirou-lho e enxugou-lhe, ela mesma, o sangue da mão.

A mão era bonita, tão bonita como o dono; mas parece que ele estava menos preocupado com a ferida da mão que com o amarrotado dos punhos. Conversando, olhava para eles disfarçadamente e escondia-os. Maria Regina não via nada, via-o a ele, via-lhe principalmente a ação que acabava de praticar, e que lhe punha uma auréola. Compreendeu que a natureza generosa saltara por cima dos hábitos pausados e elegantes do moço, para arrancar à morte uma criança que ele nem conhecia. Falaram do assunto até à porta da casa delas; Maciel recusou, agradecendo, a carruagem que elas lhe ofereciam, e despediu-se até à noite.

— Até à noite! — repetiu Maria Regina.

Esperou-o ansiosa. Ele chegou, por volta de oito horas, trazendo uma fita preta enrolada na mão, e pediu desculpa de vir assim; mas disseram-lhe que era bom pôr alguma coisa e obedeceu.

— Mas está melhor!

— Estou bom, não foi nada.

— Venha, venha — disse-lhe a avó, do outro lado da sala. — Sente-se aqui ao pé de mim: o senhor é um herói.

Maciel ouvia sorrindo. Tinha passado o ímpeto generoso, começava a receber os dividendos do sacrifício. O maior deles era a admiração de Maria Regina, tão ingênua e tamanha, que esquecia a avó e a sala. Maciel sentara-se ao lado da velha, Maria Regina defronte de ambos. Enquanto a avó, restabelecida do susto, contava as comoções que padecera, a princípio sem saber de nada, depois imaginando que a criança teria morrido, os dois olhavam um para o outro, discretamente, e afinal esquecidamente. Maria Regina perguntava a si mesma onde acharia melhor noivo. A avó, que não era míope, achou a contemplação excessiva, e falou de outra coisa; pediu ao Maciel algumas notícias de sociedade.

III. ALLEGRO APPASSIONATO

Maciel era homem, como ele mesmo dizia em francês, *très répandu*; sacou da algibeira uma porção de novidades miúdas e interessantes. A maior de todas foi a de estar desfeito o casamento de certa viúva.

— Não me diga isso! — exclamou a avó. — E ela?

— Parece que foi ela mesma que o desfez: o certo é que esteve anteontem no baile, dançou e conversou com muita animação. Oh! abaixo da notícia, o que fez mais sensação em mim foi o colar que ela levava, magnífico...

— Com uma cruz de brilhantes? — perguntou a velha. Conheço; é muito bonito.

— Não, não é esse.

Maciel conhecia o da cruz, que ela levara à casa de um Mascarenhas; não era esse. Este outro ainda há poucos dias estava na loja do Resende, uma coisa linda. E descreveu-o todo, número, disposição e facetado das pedras; concluiu dizendo que foi a joia da noite.

— Para tanto luxo era melhor casar — ponderou maliciosamente a avó.

— Concordo que a fortuna dela não dá para isso. Ora, espere! Vou amanhã, ao Resende, por curiosidade, saber o preço por que o vendeu. Não foi barato, não podia ser barato.

— Mas por que é que se desfez o casamento?

— Não pude saber; mas tenho de jantar sábado com o Venancinho Correia, e ele conta-me tudo. Sabe que ainda é parente dela? Bom rapaz; está inteiramente brigado com o barão...

A avó não sabia da briga; Maciel contou-lha de princípio a fim, com todas as suas causas e agravantes. A última gota no cálice foi um dito à mesa de jogo, uma alusão ao defeito do Venancinho, que era canhoto. Contaram-lhe isto, e ele rompeu inteiramente as relações com o barão. O bonito é que os parceiros do barão acusaram-se uns aos outros de terem ido contar as palavras deste. Maciel declarou que era regra sua não repetir o que ouvia à mesa do jogo, porque é lugar em que há certa franqueza.

Depois fez a estatística da rua do Ouvidor, na véspera, entre uma e quatro horas da tarde. Conhecia os nomes das fazendas e todas as cores modernas. Citou as principais toaletes do dia. A primeira foi a de Mme. Pena Maia, baiana distinta, *très pschutt*. A segunda foi a de Mlle. Pedrosa, filha de um desembargador de São Paulo, *adorable*. E apontou mais três, comparou depois as cinco, deduziu e concluiu. Às vezes esquecia-se e falava francês; pode mesmo ser que não fosse esquecimento, mas propósito; conhecia bem a língua, exprimia-se com facilidade e formulara um dia este axioma etnológico — que há parisienses em toda a parte. De caminho, explicou um problema de voltarete.

— A senhora tem cinco trunfos de espadilha e manilha, tem rei e dama de copas...

Maria Regina ia descambando da admiração no fastio; agarrava-se aqui e ali, contemplava a figura moça do Maciel, recordava a bela ação daquele dia, mas ia sempre escorregando; o fastio não tardava a absorvê-la. Não havia remédio. Então recorreu a um singular expediente. Tratou de combinar os dois homens, o presente com o ausente, olhando para um, e escutando o outro de memória; recurso violento e doloroso, mas tão eficaz, que ela pôde contemplar por algum tempo uma criatura perfeita e única.

Nisto apareceu o outro, o próprio Miranda. Os dois homens cumprimentaram-se friamente; Maciel demorou-se ainda uns dez minutos e saiu.

Miranda ficou. Era alto e seco, fisionomia dura e gelada. Tinha o rosto cansado, os cinquenta anos confessavam-se tais, nos cabelos grisalhos, nas rugas e na pele. Só os olhos continham alguma coisa menos caduca. Eram pequenos, e escondiam-se por baixo da vasta arcada do sobrolho; mas lá, ao fundo, quando não estavam pensativos, centelhavam de mocidade. A avó perguntou-lhe, logo que Maciel saiu, se já tinha notícia do acidente do Engenho Velho, e contou-lho com grandes encarecimentos, mas o outro ouvia tudo sem admiração nem inveja.

— Não acha sublime? — perguntou ela, no fim.

— Acho que ele salvou talvez a vida a um desalmado que algum dia, sem o conhecer, pode meter-lhe uma faca na barriga.

— Oh! — protestou a avó.

— Ou mesmo conhecendo — emendou ele.

— Não seja mau — acudiu Maria Regina —; o senhor era bem capaz de fazer o mesmo, se ali estivesse.

Miranda sorriu de um modo sardônico. O riso acentuou-lhe a dureza da fisionomia. Egoísta e mau, este Miranda primava por um lado único: espiritualmente, era completo. Maria Regina achava nele o tradutor maravilhoso e fiel de uma porção de ideias que lutavam dentro dela, vagamente, sem forma ou expressão. Era engenhoso e fino e até profundo, tudo sem pedantice, e sem meter-se por matos cerrados, antes quase sempre na planície das conversações ordinárias; tão certo é que as coisas valem pelas ideias que nos sugerem. Tinham ambos os mesmos gostos artísticos; Miranda estudara direito para obedecer ao pai; a sua vocação era a música.

A avó, prevendo a sonata, aparelhou a alma para alguns cochilos. Demais, não podia admitir tal homem no coração; achava-o aborrecido e antipático. Calou-se no fim de alguns minutos. A sonata veio, no meio de uma conversação que Maria Regina achou deleitosa, e não veio senão porque ele lhe pediu que tocasse; ele ficaria de bom grado a ouvi-la.

— Vovó — disse ela —, agora há de ter paciência...

Miranda aproximou-se do piano. Ao pé das arandelas, a cabeça dele mostrava toda a fadiga dos anos, ao passo que a expressão da fisionomia era muito mais de pedra e fel. Maria Regina notou a graduação, e tocava sem olhar para ele; difícil coisa, porque, se ele falava, as palavras entravam-lhe tanto pela alma, que a moça insensivelmente levantava os olhos, e dava logo com um velho ruim. Então é que se lembrava do Maciel, dos seus anos em flor, da fisionomia franca, meiga e boa, e afinal da ação daquele dia. Comparação tão cruel para o Miranda, como fora para o Maciel o cotejo dos seus espíritos. E a moça recorreu ao mesmo expediente. Completou um pelo outro; escutava a este com o pensamento naquele; e a música ia ajudando a ficção, indecisa a princípio, mas logo viva e acabada. Assim Titânia, ouvindo namorada a cantiga do tecelão, admirava-lhe as belas formas, sem advertir que a cabeça era de burro.

IV. MINUETTO

Dez, vinte, trinta dias passaram depois daquela noite, e ainda mais vinte, e depois mais trinta. Não há cronologia certa; melhor é ficar no vago. A situação era a mesma. Era a mesma insuficiência individual dos dois homens, e o mesmo complemento ideal por parte dela; daí um terceiro homem, que ela não conhecia.

Maciel e Miranda desconfiavam um do outro, detestavam-se a mais e mais, e padeciam muito, Miranda principalmente, que era paixão da última hora. Afinal acabaram aborrecendo a moça. Esta viu-os ir pouco a pouco. A esperança ainda os fez relapsos, mas tudo morre, até a esperança, e eles saíram para nunca mais. As noites foram passando, passando... Maria Regina compreendeu que estava acabado.

A noite em que se persuadiu bem disto foi uma das mais belas daquele ano, clara, fresca, luminosa. Não havia lua; mas à nossa amiga aborrecia a lua — não se sabe bem por quê —, ou porque brilha de empréstimo, ou porque toda a gente a admira, e pode ser que por ambas as razões. Era uma das suas esquisitices. Agora outra.

Tinha lido de manhã, em uma notícia de jornal, que há estrelas duplas, que nos parecem um só astro. Em vez de ir dormir, encostou-se à janela do quarto, olhando para o céu, a ver se descobria alguma delas; baldado esforço. Não a descobrindo no céu, procurou-a em si mesma, fechou os olhos para imaginar o fenômeno; astronomia fácil e barata, mas não sem risco. O pior que ela tem é pôr os astros ao alcance da mão; por modo que, se a pessoa abre os olhos e eles continuam a fulgurar lá em cima, grande é o desconsolo e certa a blasfêmia. Foi o que sucedeu aqui. Maria Regina viu dentro de si a estrela dupla e única. Separadas, valiam bastante; juntas, davam um astro esplêndido. E ela queria o astro esplêndido. Quando abriu os olhos e viu que o firmamento ficava tão alto, concluiu que a criação era um livro falho e incorreto, e desesperou.

No muro da chácara viu então uma coisa parecida com dois olhos de gato. A princípio teve medo mas advertiu logo que não era mais que a reprodução externa dos dois astros que ela vira em si mesma e que tinham ficado impressos na retina. A retina desta moça fazia refletir cá fora todas as suas imaginações. Refrescando o vento recolheu-se, fechou a janela e meteu-se na cama.

Não dormiu logo, por causa de duas rodelas de opala que estavam incrustadas na parede; percebendo que era ainda uma ilusão, fechou os olhos e dormiu. Sonhou que morria, que a alma dela, levada aos ares, voava na direção de uma bela estrela dupla. O astro desdobrou-se, e ela voou para uma das duas porções; não achou ali a sensação primitiva e despenhou-se para outra; igual resultado, igual regresso, e ei-la a andar de uma para outra das duas estrelas separadas. Então uma voz surgiu do abismo, com palavras que ela não entendeu:

— É a tua pena, alma curiosa de perfeição; a tua pena é oscilar por toda a eternidade entre dois astros incompletos, ao som desta velha sonata do absoluto: lá, lá, lá...

UNS BRAÇOS

Publicado pela primeira vez em 5 de novembro de 1885
na *Gazeta de Notícias*; incluído em 1896 no livro *Várias histórias*.

Inácio estremeceu, ouvindo os gritos do solicitador, recebeu o prato que este lhe apresentava e tratou de comer, debaixo de uma trovoada de nomes, malandro, cabeça de vento, estúpido, maluco.

— Onde anda que nunca ouve o que lhe digo? Hei de contar tudo a seu pai, para que lhe sacuda a preguiça do corpo com uma boa vara de marmelo, ou um pau; sim, ainda pode apanhar, não pense que não. Estúpido! maluco!

— Olhe que lá fora é isto mesmo que você vê aqui — continuou, voltando-se para d. Severina, senhora que vivia com ele maritalmente, há anos. Confunde-me os papéis todos, erra as casas, vai a um escrivão em vez de ir a outro, troca os advogados: é o diabo! É o tal sono pesado e contínuo. De manhã é o que se vê; primeiro que acorde é preciso quebrar-lhe os ossos... Deixe; amanhã hei de acordá-lo a pau de vassoura!

D. Severina tocou-lhe no pé, como pedindo que acabasse. Borges espeitorou ainda alguns impropérios, e ficou em paz com Deus e os homens.

Não digo que ficou em paz com os meninos, porque o nosso Inácio não era propriamente menino. Tinha quinze anos feitos e bem feitos. Cabeça inculta, mas bela, olhos de rapaz que sonha, que adivinha, que indaga, que quer saber e não acaba de saber nada. Tudo isso posto sobre um corpo não destituído de graça, ainda que malvestido. O pai é barbeiro na Cidade Nova, e pô-lo de agente, escrevente, ou que quer que era, do solicitador Borges, com esperança de vê-lo no foro, porque lhe parecia que os procuradores de causas ganhavam muito. Passava-se isto na rua da Lapa, em 1870.

Durante alguns minutos não se ouviu mais que o tinir dos talheres e o ruído da mastigação. Borges abarrotava-se de alface e vaca; interrompia-se para virgular a oração com um golpe de vinho e continuava logo calado.

Inácio ia comendo devagarinho, não ousando levantar os olhos do prato, nem para colocá-los onde eles estavam no momento em que o terrível Borges o descompôs. Verdade é que seria agora muito arriscado. Nunca ele pôs os olhos nos braços de d. Severina que se não esquecesse de si e de tudo.

Também a culpa era antes de d. Severina em trazê-los assim nus, constantemente. Usava mangas curtas em todos os vestidos de casa, meio palmo abaixo do ombro; dali em diante ficavam-lhe os braços à mostra. Na verdade, eram belos e cheios, em harmonia com a dona, que era antes grossa que fina, e não perdiam a cor nem a maciez por viverem ao ar; mas é justo explicar que ela os não trazia assim por faceira, senão porque já gastara todos os vestidos de mangas compridas. De pé, era muito vistosa; andando, tinha meneios engraçados; ele, entretanto, quase que só a via à mesa, onde, além dos braços, mal poderia mirar-lhe o busto. Não se pode dizer que era bonita; mas também não era feia. Nenhum adorno; o próprio penteado consta de mui pouco; alisou os cabelos, apanhou-os, atou-os e fixou-os no alto da cabeça com o pente de tartaruga que a mãe lhe deixou. Ao pescoço, um lenço escuro; nas orelhas, nada. Tudo isso com vinte e sete anos floridos e sólidos.

Acabaram de jantar. Borges, vindo o café, tirou quatro charutos da algibeira, comparou-os, apertou-os entre os dedos, escolheu um e guardou os restantes. Aceso o charuto, fincou os cotovelos na mesa e falou a d. Severina de trinta mil coisas que não interessavam nada ao nosso Inácio; mas enquanto falava, não o descompunha e ele podia devanear à larga.

Inácio demorou o café o mais que pôde. Entre um e outro gole, alisava a toalha, arrancava dos dedos pedacinhos de pele imaginários, ou passava os olhos pelos quadros da sala de jantar, que eram dois, um são Pedro e um são João, registros trazidos de festas encaixilhados em casa. Vá que disfarçasse com são João, cuja cabeça moça alegra as imaginações católicas; mas com o austero são Pedro era demais. A única defesa do moço Inácio é que ele não via nem um nem outro; passava os olhos por ali como por nada. Via só os braços de d. Severina — ou porque sorrateiramente olhasse para eles, ou porque andasse com eles impressos na memória.

— Homem, você não acaba mais? — bradou de repente o solicitador.

Não havia remédio; Inácio bebeu a última gota, já fria, e retirou-se, como de costume, para o seu quarto, nos fundos da casa. Entrando, fez um gesto de zanga e desespero e foi depois encostar-se a uma das duas janelas que davam para o mar. Cinco minutos depois, a vista das águas próximas e das montanhas ao longe restituía-lhe o sentimento confuso, vago, inquieto, que lhe doía e fazia bem, alguma coisa que deve sentir a planta, quando abotoa a primeira flor. Tinha vontade de ir embora e de ficar. Havia cinco semanas que ali morava, e a vida era sempre a mesma, sair de manhã com o Borges, andar por audiências e cartórios, correndo, levando papéis ao selo, ao distribuidor, aos escrivães, aos oficiais de justiça. Voltava à tarde, jantava e recolhia-se ao quarto, até a hora da ceia; ceava e ia dormir. Borges não lhe dava intimidade na família, que se compunha apenas de d. Severina, nem Inácio a via mais de três vezes por dia durante as refeições. Cinco semanas de solidão, de trabalho sem gosto, longe da mãe e das irmãs; cinco semanas de silêncio, porque ele só falava uma ou outra vez na rua; em casa, nada.

"Deixe estar", pensou ele um dia, "fujo daqui e não volto mais."

Não foi; sentiu-se agarrado e acorrentado pelos braços de d. Severina. Nunca vira outros tão bonitos e tão frescos. A educação que tivera não lhe permitia encará-los logo abertamente, parece até que a princípio afastava os olhos, vexado. Encarou-os pouco a pouco, ao ver que eles não tinham outras mangas, e assim os foi descobrindo, mirando e amando. No fim de três semanas eram eles, moralmente falando, as suas tendas de repouso. Aguentava toda a trabalheira de fora, toda a melancolia da solidão e do silêncio, toda a grosseria do patrão, pela única paga de ver, três vezes por dia, o famoso par de braços.

Naquele dia, enquanto a noite ia caindo e Inácio estirava-se na rede (não tinha ali outra cama), d. Severina, na sala da frente, recapitulava o episódio do jantar e, pela primeira vez, desconfiou alguma coisa. Rejeitou a ideia logo, uma criança! Mas há ideias que são da família das moscas teimosas: por mais que a gente as sacuda, elas tornam e pousam. Criança? Tinha quinze anos; e ela advertiu que entre o nariz e a boca do rapaz havia um princípio de rascunho de buço. Que admira que começasse a amar? E não era ela bonita? Esta outra ideia não foi rejeitada, antes afagada e beijada. E recordou então os modos dele, os esquecimentos, as distrações, e mais um incidente, e mais outro, tudo eram sintomas, e concluiu que sim.

— Que é que você tem? — disse-lhe o solicitador, estirado no canapé, ao cabo de alguns minutos de pausa.

— Não tenho nada.

— Nada? Parece que cá em casa anda tudo dormindo! Deixem estar, que eu sei de um bom remédio para tirar o sono aos dorminhocos...

E foi por ali, no mesmo tom zangado, fuzilando ameaças, mas realmente incapaz de as cumprir, pois era antes grosseiro que mau. D. Severina interrompia-o que não, que era engano, não estava dormindo, estava pensando na comadre Fortunata. Não a visitavam desde o Natal; por que não iriam lá uma daquelas noites? Borges redarguia que andava cansado, trabalhava como um negro, não estava para visitas de parola; e descompôs a comadre, descompôs o compadre, descompôs o afilhado, que não ia ao colégio, com dez anos! Ele, Borges, com dez anos, já sabia ler, escrever e contar, não muito bem, é certo, mas sabia. Dez anos! Havia de ter um bonito fim: vadio, e o côvado e meio nas costas. A tarimba é que viria ensiná-lo.

D. Severina apaziguava-o com desculpas, a pobreza da comadre, o caiporismo do compadre, e fazia-lhe carinhos, a medo, que eles podiam irritá-lo mais. A noite caíra de todo; ela ouviu o *tlic* do lampião do gás da rua, que acabavam de acender, e viu o clarão dele nas janelas da casa fronteira. Borges, cansado do dia, pois era realmente um trabalhador de primeira ordem, foi fechando os olhos e pegando no sono, e deixou-a só na sala, às escuras, consigo e com a descoberta que acabava de fazer.

Tudo parecia dizer à dama que era verdade; mas essa verdade, desfeita a impressão do assombro, trouxe-lhe uma complicação moral, que ela só conheceu pelos efeitos, não achando meio de discernir o que era. Não podia entender-se nem equilibrar-se, chegou a pensar em dizer tudo ao solicitador, e ele que mandasse embora o fedelho. Mas que era tudo? Aqui estacou: realmente, não havia mais que suposição, coincidência e possivelmente ilusão. Não, não, ilusão não era. E logo recolhia os indícios vagos, as atitudes do mocinho, o acanhamento, as distrações, para rejeitar a ideia de estar enganada. Daí a pouco (capciosa natureza!), refletindo que seria mau acusá-lo sem fundamento, admitiu que se iludisse, para o único fim de observá-lo melhor e averiguar bem a realidade das coisas.

Já nessa noite, d. Severina mirava por baixo dos olhos os gestos de Inácio; não chegou a achar nada, porque o tempo do chá era curto e o rapazinho não tirou os olhos da xícara. No dia seguinte pôde observar melhor, e nos outros otimamente. Percebeu que sim, que era amada e temida, amor adolescente e virgem, retido pelos liames sociais e por um sentimento de inferioridade que o impedia de reconhecer-se a si mesmo. D. Severina compreendeu que não havia recear nenhum desacato, e concluiu que o melhor era não dizer nada ao solicitador; poupava-lhe um desgosto, e outro à pobre criança. Já se persuadia bem que ele era criança, e assentou de o tratar tão secamente como até ali, ou ainda mais. E assim fez; Inácio começou a sentir que ela fugia com os olhos, ou falava áspero, quase tanto como o próprio Borges. De outras vezes, é verdade que o tom da voz saía brando e até meigo, muito meigo; assim como o olhar, geralmente esquivo, tanto errava por outras partes, que, para descansar, vinha pousar na cabeça dele; mas tudo isso era curto.

— Vou-me embora — repetia ele na rua como nos primeiros dias.

Chegava a casa e não se ia embora. Os braços de d. Severina fechavam-lhe um parêntesis no meio do longo e fastidioso período da vida que levava, e essa oração intercalada trazia uma ideia original e profunda, inventada pelo céu unicamente para ele. Deixava-se estar e ia andando. Afinal, porém, teve de sair, e para nunca mais; eis aqui como e por quê.

D. Severina tratava-o desde alguns dias com benignidade. A rudeza da voz parecia acabada, e havia mais do que brandura, havia desvelo e carinho. Um dia recomendava-lhe que não apanhasse ar, outro que não bebesse água fria depois do café quente, conselhos, lembranças, cuidados de amiga e mãe, que lhe lançaram na alma ainda maior inquietação e confusão. Inácio chegou ao extremo de confiança de rir um dia à mesa, coisa que jamais fizera; e o solicitador não o tratou mal dessa vez, porque era ele que contava um caso engraçado, e ninguém pune a outro pelo aplauso que recebe. Foi então que d. Severina viu que a boca do mocinho, graciosa estando calada, não o era menos quando ria.

A agitação de Inácio ia crescendo, sem que ele pudesse acalmar-se nem entender-se. Não estava bem em parte nenhuma. Acordava de noite, pensando em d. Severina. Na rua, trocava de esquinas, errava as portas, muito mais que dantes, e não via mulher, ao longe ou ao perto, que lha não trouxesse à memória. Ao entrar no corredor da casa, voltando do trabalho, sentia sempre algum alvoroço, às vezes grande, quando dava com ele no topo da escada, olhando através das grades de pau da cancela, como tendo acudido a ver quem era.

Um domingo — nunca ele esqueceu esse domingo —, estava só no quarto, à janela, virado para o mar, que lhe falava a mesma linguagem obscura e nova de d. Severina. Divertia-se em olhar para as gaivotas, que faziam grandes giros no ar, ou pairavam em cima d'água, ou avoaçavam somente. O dia estava lindíssimo. Não era só um domingo cristão; era um imenso domingo universal.

Inácio passava-os todos ali no quarto ou à janela, ou relendo um dos três folhetos que trouxera consigo, contos de outros tempos, comprados a tostão, debaixo do passadiço do largo do Paço. Eram duas horas da tarde. Estava cansado, dormira mal a noite, depois de haver andado muito na véspera; estirou-se na rede, pegou em um dos folhetos, a *Princesa Magalona*, e começou a ler. Nunca pôde entender por que é que todas as heroínas dessas velhas histórias tinham a mesma cara e talhe de d. Severina, mas a verdade é que os tinham. Ao cabo de meia hora, deixou cair o folheto e pôs os olhos na parede, donde, cinco minutos depois, viu sair a dama dos seus cuidados. O natural era que se espantasse; mas não se espantou. Embora com as pálpebras cerradas, viu-a desprender-se de todo, parar, sorrir e andar para a rede. Era ela mesma; eram os seus mesmos braços.

É certo, porém, que d. Severina, tanto não podia sair da parede, dado que houvesse ali porta ou rasgão, que estava justamente na sala da frente ouvindo os passos do solicitador que descia as escadas. Ouviu-o descer; foi à janela vê-lo sair e só se recolheu quando ele se perdeu ao longe, no caminho da rua das Mangueiras. Então entrou e foi sentar-se no canapé. Parecia fora do natural, inquieta, quase maluca; levantando-se, foi pegar na jarra que estava em cima do aparador e deixou-a no mesmo lugar; depois caminhou até à porta, deteve-se e voltou, ao que parece, sem plano. Sentou-se outra vez, cinco ou dez minutos. De repente, lembrou-se que Inácio comera pouco ao almoço e tinha o ar abatido, e advertiu que podia estar doente; podia ser até que estivesse muito mal.

Saiu da sala, atravessou rasgadamente o corredor e foi até o quarto do mocinho, cuja porta achou escancarada.

D. Severina parou, espiou, deu com ele na rede, dormindo, com o braço para fora e o folheto caído no chão. A cabeça inclinava-se um pouco do lado da porta, deixando ver os olhos fechados, os cabelos revoltos e um grande ar de riso e de beatitude.

D. Severina sentiu bater-lhe o coração com veemência e recuou. Sonhara de noite com ele; pode ser que ele estivesse sonhando com ela. Desde madrugada que a figura do mocinho andava-lhe diante dos olhos como uma tentação diabólica. Recuou ainda, depois voltou, olhou dois, três, cinco minutos, ou mais. Parece que o sono dava à adolescência de Inácio uma expressão mais acentuada, quase feminina, quase pueril. Uma criança! disse ela a si mesma, naquela língua sem palavras que todos trazemos conosco. E esta ideia abateu-lhe o alvoroço do sangue e dissipou-lhe em parte a turvação dos sentidos.

— Uma criança!

E mirou-o lentamente, fartou-se de vê-lo, com a cabeça inclinada, o braço caído; mas, ao mesmo tempo que o achava criança, achava-o bonito, muito mais bonito que acordado, e uma dessas ideias corrigia ou corrompia a outra. De repente estremeceu e recuou assustada: ouvira um ruído ao pé, na saleta do engomado; foi ver, era um gato que deitara uma tigela ao chão. Voltando devagarinho a espiá-lo, viu que dormia profundamente. Tinha o sono duro a criança! O rumor que a abalara tanto não o fez sequer mudar de posição. E ela continuou a vê-lo dormir — dormir e talvez sonhar.

Que não possamos ver os sonhos uns dos outros! D. Severina ter-se-ia visto a si mesma na imaginação do rapaz; ter-se-ia visto diante da rede, risonha e parada; depois inclinar-se, pegar-lhe nas mãos, levá-las ao peito, cruzando ali os braços, os famosos braços. Inácio, namorado deles, ainda assim ouvia as palavras dela, que eram lindas, cálidas, principalmente novas — ou, pelo menos, pertenciam a algum idioma que ele não conhecia, posto que o entendesse. Duas, três e quatro vezes a figura esvaía-se, para tornar logo, vindo do mar ou de outra parte, entre gaivotas, ou atravessando o corredor, com toda a graça robusta de que era capaz. E tornando, inclinava-se, pegava-lhe outra vez das mãos e cruzava ao peito os braços, até que, inclinando--se, ainda mais, muito mais, abrochou os lábios e deixou--lhe um beijo na boca.

Aqui o sonho coincidiu com a realidade, e as mesmas bocas uniram-se na imaginação e fora dela. A diferença é que a visão não recuou, e a pessoa real tão depressa cumprira o gesto, como fugiu até à porta, vexada e medrosa. Dali passou à sala da frente, aturdida do que fizera, sem olhar fixamente para nada. Afiava o ouvido, ia até o fim do corredor, a ver se escutava algum rumor que lhe dissesse que ele acordara, e só depois de muito tempo é que o medo foi passando. Na verda-de, a criança tinha o sono duro; nada lhe abria os olhos, nem os fracassos contíguos, nem os beijos de verdade. Mas, se o medo foi passando, o vexame ficou e cresceu. D. Severina não acabava de crer que fizesse aquilo; parece que embrulhara os seus desejos na ideia de que era uma criança namorada que ali estava sem consciência nem imputação; e, meia mãe, meia amiga, inclinara-se e beijara-o. Fosse como fosse, estava con-fusa, irritada, aborrecida, mal consigo e mal com ele. O medo de que ele podia estar fingindo que dormia apontou-lhe na alma e deu-lhe um calefrio.

Mas a verdade é que dormiu ainda muito, e só acordou para jantar. Sentou-se à mesa lépido. Conquanto achasse d. Severina calada e severa e o solicitador tão ríspido como nos outros dias, nem a rispidez de um, nem a severidade da outra podiam dissipar-lhe a visão graciosa que ainda trazia consigo, ou amortecer-lhe a sensação do beijo. Não reparou que d. Severina tinha um xale que lhe cobria os braços; re-parou depois, na segunda-feira, e na terça-feira, também, e até sábado, que foi o dia em que Borges mandou dizer ao pai que não podia ficar com ele; e não o fez zangado, porque o tratou relativamente bem e ainda lhe disse à saída:

— Quando precisar de mim para alguma coisa, pro-cure-me.

— Sim, senhor. A sra. d. Severina...

— Está lá para o quarto, com muita dor de cabeça. Venha amanhã ou depois despedir-se dela.

Inácio saiu sem entender nada. Não entendia a despedida, nem a completa mudança de d. Severina, em relação a ele, nem o xale, nem nada. Estava tão bem! falava-lhe com tanta amizade! Como é que, de repente... Tanto pensou que acabou supondo de sua parte algum olhar indiscreto, alguma distração que a ofendera; não era outra coisa; e daqui a cara fechada e o xale que cobria os braços tão bonitos... Não importa; levava consigo o sabor do sonho. E através dos anos, por meio de outros amores, mais efetivos e longos, nenhuma sensação achou nunca igual à daquele domingo, na rua da Lapa, quando ele tinha quinze anos. Ele mesmo exclama às vezes, sem saber que se engana:

— E foi um sonho! um simples sonho!

A CAUSA SECRETA

Publicado pela primeira vez em 1º de agosto de 1885
na *Gazeta de Notícias*; incluído em 1896 no livro *Várias histórias*.

Garcia, em pé, mirava e estalava as unhas; Fortunato, na cadeira de balanço, olhava para o teto; Maria Luísa, perto da janela, concluía um trabalho de agulha. Havia já cinco minutos que nenhum deles dizia nada. Tinham falado do dia, que estivera excelente, de Catumbi, onde morava o casal Fortunato, e de uma casa de saúde, que adiante se explicará. Como os três personagens aqui presentes estão agora mortos e enterrados, tempo é de contar a história sem rebuço.

Tinham falado também de outra coisa, além daquelas três, coisa tão feia e grave, que não lhes deixou muito gosto para tratar do dia, do bairro e da casa de saúde. Toda a conversação a este respeito foi constrangida. Agora mesmo, os dedos de Maria Luísa parecem ainda trêmulos, ao passo que há no rosto de Garcia uma expressão de severidade, que lhe não é habitual. Em verdade, o que se passou foi de tal natureza, que para fazê-lo entender, é preciso remontar à origem da situação.

Garcia tinha-se formado em medicina, no ano anterior, 1861. No de 1860, estando ainda na Escola, encontrou-se com Fortunato, pela primeira vez, à porta da Santa Casa; entrava, quando o outro saía. Fez-lhe impressão a figura; mas, ainda assim, tê-la-ia esquecido, se não fosse o segundo encontro, poucos dias depois. Morava na rua de D. Manoel. Uma de suas raras distrações era ir ao teatro de S. Januário, que ficava perto, entre essa rua e a praia; ia uma ou duas vezes por mês, e nunca achava acima de quarenta pessoas. Só os mais intrépidos ousavam estender os passos até aquele recanto da cidade. Uma noite, estando nas cadeiras, apareceu ali Fortunato, e sentou-se ao pé dele.

A peça era um dramalhão, cosido a facadas, ouriçado de imprecações e remorsos; mas Fortunato ouvia-a com singular interesse. Nos lances dolorosos, a atenção dele redobrava, os olhos iam avidamente de um personagem a outro, a tal ponto que o estudante suspeitou haver na peça reminiscências pessoais do vizinho. No fim do drama, veio uma farsa; mas Fortunato não esperou por ela e saiu; Garcia saiu atrás dele. Fortunato foi pelo beco do Cotovelo, rua de S. José, até o largo da Carioca. Ia devagar, cabisbaixo, parando às vezes, para dar uma bengalada em algum cão que dormia; o cão ficava ganindo e ele ia andando. No largo da Carioca entrou num tílburi, e seguiu para os lados da praça da Constituição. Garcia voltou para casa sem saber mais nada.

Decorreram algumas semanas. Uma noite, eram nove horas, estava em casa, quando ouviu rumor de vozes na escada; desceu logo do sótão, onde morava, ao primeiro andar, onde vivia um empregado do arsenal de guerra. Era este, que alguns homens conduziam, escada acima, ensanguentado. O preto que o servia acudiu a abrir a porta; o homem gemia, as vozes eram confusas, a luz pouca. Deposto o ferido na cama, Garcia disse que era preciso chamar um médico.

— Já aí vem um — acudiu alguém.

Garcia olhou: era o próprio homem da Santa Casa e do teatro. Imaginou que seria parente ou amigo do ferido; mas rejeitou a suposição, desde que lhe ouvira perguntar se este tinha família ou pessoa próxima. Disse-lhe o preto que não, e ele assumiu a direção do serviço, pediu às pessoas estranhas que se retirassem, pagou aos carregadores, e deu as primeiras ordens. Sabendo que o Garcia era vizinho e estudante de medicina pediu-lhe que ficasse para ajudar o médico. Em seguida contou o que se passara.

— Foi uma malta de capoeiras. Eu vinha do quartel de Moura, onde fui visitar um primo, quando ouvi um barulho muito grande, e logo depois um ajuntamento. Parece que eles feriram também a um sujeito que passava, e que entrou por um daqueles becos; mas eu só vi a este senhor, que atravessava a rua no momento em que um dos capoeiras, roçando por ele, meteu-lhe o punhal. Não caiu logo; disse onde morava, e, como era a dois passos, achei melhor trazê-lo.

— Conhecia-o antes? — perguntou Garcia.

— Não, nunca o vi. Quem é?

— É um bom homem, empregado no arsenal de guerra. Chama-se Gouveia.

— Não sei quem é.

Médico e subdelegado vieram daí a pouco; fez-se o curativo, e tomaram-se as informações. O desconhecido declarou chamar-se Fortunato Gomes da Silveira, ser capitalista, solteiro, morador em Catumbi. A ferida foi reconhecida grave. Durante o curativo ajudado pelo estudante, Fortunato serviu de criado, segurando a bacia, a vela, os panos sem perturbar nada, olhando friamente para o ferido, que gemia muito. No fim, entendeu-se particularmente com o médico, acompanhou-o até o patamar da escada, e reiterou ao subdelegado a declaração de estar pronto a auxiliar as pesquisas da polícia. Os dois saíram, ele e o estudante ficaram no quarto.

Garcia estava atônito. Olhou para ele, viu-o sentar-se tranquilamente, estirar as pernas, meter as mãos nas algibeiras das calças, e fitar os olhos no ferido. Os olhos eram claros, cor de chumbo, moviam-se devagar, e tinham a expressão dura, seca e fria. Cara magra e pálida; uma tira estreita de barba, por baixo do queixo, e de uma têmpora a outra, curta, ruiva e rara. Teria quarenta anos. De quando em quando, voltava-se para o estudante, e perguntava alguma coisa acerca do ferido; mas tornava logo a olhar para ele, enquanto o rapaz lhe dava a resposta. A sensação que o estudante recebia era de repulsa ao mesmo tempo que de curiosidade; não podia negar que estava assistindo a um ato de rara dedicação, e se era desinteressado como parecia, não havia mais que aceitar o coração humano como um poço de mistérios.

Fortunato saiu pouco antes de uma hora; voltou nos dias seguintes, mas a cura fez-se depressa, e, antes de concluída, desapareceu sem dizer ao obsequiado onde morava. Foi o estudante que lhe deu as indicações do nome, rua e número.

— Vou agradecer-lhe a esmola que me fez, logo que possa sair — disse o convalescente.

Correu a Catumbi daí a seis dias. Fortunato recebeu-o constrangido, ouviu impaciente as palavras de agradecimento, deu-lhe uma resposta enfastiada e acabou batendo com as borlas do chambre no joelho. Gouveia, defronte dele, sentado e calado, alisava o chapéu com os dedos, levantando os olhos de quando em quando, sem achar mais nada que dizer. No fim de dez minutos, pediu licença para sair, e saiu.

— Cuidado com os capoeiras! — disse-lhe o dono da casa, rindo-se.

O pobre-diabo saiu de lá mortificado, humilhado, mastigando a custo o desdém, forcejando por esquecê-lo, explicá-lo ou perdoá-lo, para que no coração só ficasse a memória do benefício; mas o esforço era vão. O ressentimento, hóspede novo e exclusivo, entrou e pôs fora o benefício, de tal modo que o desgraçado não teve mais que trepar à cabeça e refugiar-se ali como uma simples ideia. Foi assim que o próprio benfeitor insinuou a este homem o sentimento da ingratidão.

Tudo isso assombrou o Garcia. Este moço possuía, em gérmen, a faculdade de decifrar os homens, de decompor os caracteres, tinha o amor da análise, e sentia o regalo, que dizia ser supremo, de penetrar muitas camadas morais, até apalpar o segredo de um organismo. Picado de curiosidade, lembrou-se de ir ter com o homem de Catumbi, mas advertiu que nem recebera dele o oferecimento formal da casa. Quando menos, era-lhe preciso um pretexto, e não achou nenhum. Tempos depois, estando já formado, e morando na rua de Mata-Cavalos, perto da do Conde, encontrou Fortunato em uma gôndola, encontrou-o ainda outras vezes, e a frequência trouxe a familiaridade. Um dia Fortunato convidou-o a ir visitá-lo ali perto, em Catumbi.

— Sabe que estou casado?

— Não sabia.

— Casei-me há quatro meses, podia dizer quatro dias. Vá jantar conosco domingo.

— Domingo?

— Não esteja forjando desculpas; não admito desculpas. Vá domingo.

Garcia foi lá domingo. Fortunato deu-lhe um bom jantar, bons charutos e boa palestra, em companhia da senhora, que era interessante. A figura dele não mudara; os olhos eram as mesmas chapas de estanho, duras e frias; as outras feições não eram mais atraentes que dantes. Os obséquios, porém, se não resgatavam a natureza, davam alguma compensação, e não era pouco. Maria Luísa é que possuía ambos os feitiços, pessoa e modos. Era esbelta, airosa, olhos meigos e submissos; tinha vinte e cinco anos e parecia não passar de dezenove. Garcia, à segunda vez que lá foi, percebeu que entre eles havia alguma dissonância de caracteres, pouca ou nenhuma afinidade moral, e da parte da mulher para com o marido uns modos que transcendiam o respeito e confinavam na resignação e no temor. Um dia, estando os três juntos, perguntou Garcia a Maria Luísa se tivera notícia das circunstâncias em que ele conhecera o marido.

— Não — respondeu a moça.

— Vai ouvir uma ação bonita.

— Não vale a pena — interrompeu Fortunato.

— A senhora vai ver se vale a pena — insistiu o médico.

Contou o caso da rua de D. Manoel. A moça ouviu-o espantada. Insensivelmente estendeu a mão e apertou o pulso ao marido, risonha e agradecida, como se acabasse de descobrir-lhe o coração. Fortunato sacudia os ombros, mas não ouvia com indiferença. No fim contou ele próprio a visita que o ferido lhe fez, com todos os pormenores da figura, dos gestos, das palavras atadas, dos silêncios, em suma, um estúrdio. E ria muito ao contá-la. Não era o riso da dobrez.

A dobrez é evasiva e oblíqua; o riso dele era jovial e franco.

"Singular homem!", pensou Garcia.

Maria Luísa ficou desconsolada com a zombaria do marido; mas o médico restituiu-lhe a satisfação anterior, voltando a referir a dedicação deste e as suas raras qualidades de enfermeiro; tão bom enfermeiro, concluiu ele, que, se algum dia fundar uma casa de saúde, irei convidá-lo.

— Valeu? — perguntou Fortunato.

— Valeu o quê?

— Vamos fundar uma casa de saúde?

— Não valeu nada; estou brincando.

— Podia-se fazer alguma coisa; e para o senhor, que começa a clínica, acho que seria bem bom. Tenho justamente uma casa que vai vagar, e serve.

Garcia recusou nesse e no dia seguinte; mas a ideia tinha-se metido na cabeça ao outro, e não foi possível recuar mais. Na verdade, era uma boa estreia para ele, e podia vir a ser um bom negócio para ambos. Aceitou finalmente, daí a dias, e foi uma desilusão para Maria Luísa. Criatura nervosa e frágil, padecia só com a ideia de que o marido tivesse de viver em contato com enfermidades humanas, mas não ousou opor-se-lhe, e curvou a cabeça. O plano fez-se e cumpriu-se depressa. Verdade é que Fortunato não curou de mais nada, nem então, nem depois. Aberta a casa, foi ele o próprio administrador e chefe de enfermeiros, examinava tudo, ordenava tudo, compras e caldos, drogas e contas.

Garcia pôde então observar que a dedicação ao ferido da rua D. Manoel não era um caso fortuito, mas assentava na própria natureza deste homem. Via-o servir como nenhum dos fâmulos. Não recuava diante de nada, não conhecia moléstia aflitiva ou repelente, e estava sempre pronto para tudo, a qualquer hora do dia ou da noite. Toda a gente pasmava e aplaudia. Fortunato estudava, acompanhava as operações, e nenhum outro curava os cáusticos. Tenho muita fé nos cáusticos, dizia ele.

A comunhão dos interesses apertou os laços da intimidade. Garcia tornou-se familiar na casa; ali jantava quase todos os dias, ali observava a pessoa e a vida de Maria Luísa, cuja solidão moral era evidente. E a solidão como que lhe duplicava o encanto. Garcia começou a sentir que alguma coisa o agitava, quando ela aparecia, quando falava, quando trabalhava, calada, ao canto da janela, ou tocava ao piano umas músicas tristes. Manso e manso, entrou-lhe o amor no coração. Quando deu por ele, quis expeli-lo para que entre ele e Fortunato não houvesse outro laço que o da amizade; mas não pôde. Pôde apenas trancá-lo; Maria Luísa compreendeu ambas as coisas, a afeição e o silêncio, mas não se deu por achada.

No começo de outubro deu-se um incidente que desvendou ainda mais aos olhos do médico a situação da moça. Fortunato metera-se a estudar anatomia e fisiologia, e ocupava-se nas horas vagas em rasgar e envenenar gatos e cães. Como os guinchos dos animais atordoavam os doentes, mudou o laboratório para casa, e a mulher, compleição nervosa, teve de os sofrer. Um dia, porém, não podendo mais, foi ter com o médico e pediu-lhe que, como coisa sua, alcançasse do marido a cessação de tais experiências.

— Mas a senhora mesma...

Maria Luísa acudiu, sorrindo:

— Ele naturalmente achará que sou criança. O que eu queria é que o senhor, como médico, lhe dissesse que isso me faz mal; e creia que faz...

Garcia alcançou prontamente que o outro acabasse com tais estudos. Se os foi fazer em outra parte, ninguém o soube, mas pode ser que sim. Maria Luísa agradeceu ao médico, tanto por ela como pelos animais, que não podia ver padecer. Tossia de quando em quando; Garcia perguntou-lhe se tinha alguma coisa, ela respondeu que nada.

— Deixe ver o pulso.

— Não tenho nada.

Não deu o pulso, e retirou-se. Garcia ficou apreensivo. Cuidava, ao contrário, que ela podia ter alguma coisa que era preciso observá-la e avisar o marido em tempo.

Dois dias depois — exatamente o dia em que os vemos

agora — Garcia foi lá jantar. Na sala disseram-lhe que Fortunato estava no gabinete, e ele caminhou para ali; ia chegando à porta, no momento em que Maria Luísa saía aflita.

— Que é? — perguntou-lhe.

— O rato! o rato! — exclamou a moça sufocada e afastando-se.

Garcia lembrou-se que, na véspera, ouvira ao Fortunato queixar-se de um rato, que lhe levara um papel importante; mas estava longe de esperar o que viu. Viu Fortunato sentado à mesa, que havia no centro do gabinete, e sobre a qual pusera um prato com espírito de vinho. O líquido flamejava. Entre o polegar e o índice da mão esquerda segurava um barbante, de cuja ponta pendia o rato atado pela cauda. Na direita tinha uma tesoura. No momento em que o Garcia entrou, Fortunato cortava ao rato uma das patas; em seguida desceu o infeliz até a chama, rápido, para não matá-lo, e dispôs-se a fazer o mesmo à terceira, pois já lhe havia cortado a primeira. Garcia estacou horrorizado.

— Mate-o logo! — disse-lhe.

— Já vai.

E com um sorriso único, reflexo de alma satisfeita, alguma coisa que traduzia a delícia íntima das sensações supremas, Fortunato cortou a terceira pata ao rato, e fez pela terceira vez o mesmo movimento até a chama. O miserável estorcia-se, guinchando, ensanguentado, chamuscado, e não acabava de morrer. Garcia desviou os olhos, depois voltou-os novamente, e estendeu a mão para impedir que o suplício continuasse, mas não chegou a fazê-lo, porque o diabo do homem impunha medo, com toda aquela serenidade radiosa da fisionomia. Faltava cortar a última pata; Fortunato cortou-a muito devagar, acompanhando a tesoura com os olhos; a pata caiu, e ele ficou olhando para o rato meio cadáver. Ao descê-lo pela quarta vez, até a chama, deu ainda mais rapidez ao gesto, para salvar, se pudesse, alguns farrapos de vida.

Garcia, defronte, conseguia dominar a repugnância do espetáculo para fixar a cara do homem. Nem raiva, nem ódio; tão somente um vasto prazer, quieto e profundo, como daria a outro a audição de uma bela sonata ou a vista de uma estátua divina, alguma coisa parecida com a pura sensação estética. Pareceu-lhe, e era verdade, que Fortunato havia-o inteiramente esquecido. Isto posto, não estaria fingindo, e devia ser aquilo mesmo. A chama ia morrendo, o rato podia ser que tivesse ainda um resíduo de vida, sombra de sombra; Fortunato aproveitou-o para cortar-lhe o focinho e pela última vez chegar a carne ao fogo. Afinal deixou cair o cadáver no prato, e arredou de si toda essa mistura de chamusco e sangue.

Ao levantar-se deu com o médico e teve um sobressalto. Então, mostrou-se enraivecido contra o animal, que lhe comera o papel; mas a cólera evidentemente era fingida.

"Castiga sem raiva", pensou o médico, "pela necessidade de achar uma sensação de prazer, que só a dor alheia lhe pode dar: é o segredo deste homem."

Fortunato encareceu a importância do papel, a perda que lhe trazia, perda de tempo, é certo, mas o tempo agora era-lhe preciosíssimo. Garcia ouvia só, sem dizer nada, nem lhe dar crédito. Relembrava os atos dele, graves e leves, achava a mesma explicação para todos. Era a mesma troca das teclas da sensibilidade, um diletantismo *sui generis*, uma redução de Calígula.

Quando Maria Luísa voltou ao gabinete, daí a pouco, o marido foi ter com ela, rindo, pegou-lhe nas mãos e falou-lhe mansamente:

— Fracalhona!

E voltando-se para o médico:

— Há de crer que quase desmaiou?

Maria Luísa defendeu-se a medo, disse que era nervosa e mulher; depois foi sentar-se à janela com as suas lãs e agulhas, e os dedos ainda trêmulos, tal qual a vimos no começo desta história. Hão de lembrar-se que, depois de terem falado de outras coisas, ficaram calados os três, o marido sentado e olhando para o teto, o médico estalando as unhas. Pouco depois foram jantar; mas o jantar não foi alegre. Maria Luísa cismava e tossia; o médico indagava de si mesmo se ela não estaria exposta a algum excesso na companhia de tal homem. Era apenas possível; mas o amor trocou-lhe a possibilidade em certeza; tremeu por ela e cuidou de os vigiar.

Ela tossia, tossia, e não se passou muito tempo que a moléstia não tirasse a máscara. Era a tísica, velha dama insaciável, que chupa a vida toda, até deixar um bagaço de ossos. Fortunato recebeu a notícia como um golpe; amava deveras a mulher, a seu modo, estava acostumado com ela, custava-lhe perdê-la. Não poupou esforços, médicos, remédios, ares, todos os recursos e todos os paliativos. Mas foi tudo vão. A doença era mortal.

Nos últimos dias, em presença dos tormentos supremos da moça, a índole do marido subjugou qualquer outra afeição. Não a deixou mais; fitou o olho baço e frio naquela decomposição lenta e dolorosa da vida, bebeu uma a uma as aflições da bela criatura, agora magra e transparente, devorada de febre e minada de morte. Egoísmo aspérrimo, faminto de sensações, não lhe perdoou um só minuto de agonia, nem lhos pagou com uma só lágrima, pública ou íntima. Só quando ela expirou, é que ele ficou aturdido. Voltando a si, viu que estava outra vez só.

De noite, indo repousar uma parenta de Maria Luísa, que a ajudara a morrer, ficaram na sala Fortunato e Garcia, velando o cadáver, ambos pensativos; mas o próprio marido estava fatigado, o médico disse-lhe que repousasse um pouco.

— Vá descansar, passe pelo sono uma hora ou duas: eu irei depois.

Fortunato saiu, foi deitar-se no sofá da saleta contígua, e adormeceu logo. Vinte minutos depois acordou, quis dormir outra vez, cochilou alguns minutos, até que se levantou e voltou à sala. Caminhava nas pontas dos pés para não acordar a parenta, que dormia perto. Chegando à porta, estacou assombrado.

Garcia tinha-se chegado ao cadáver, levantara o lenço e contemplara por alguns instantes as feições defuntas. Depois, como se a morte espiritualizasse tudo, inclinou-se e beijou-o na testa. Foi nesse momento que Fortunato chegou à porta. Estacou assombrado; não podia ser o beijo da amizade, podia ser o epílogo de um livro adúltero. Não tinha ciúmes, note-se; a natureza compô-lo de maneira que lhe não deu ciúmes nem inveja, mas dera-lhe vaidade, que não é menos cativa ao ressentimento. Olhou assombrado, mordendo os beiços.

Entretanto, Garcia inclinou-se ainda para beijar outra vez o cadáver; mas então não pôde mais. O beijo rebentou em soluços, e os olhos não puderam conter as lágrimas, que vieram em borbotões, lágrimas de amor calado, e irremediável desespero. Fortunato, à porta, onde ficara, saboreou tranquilo essa explosão de dor moral que foi longa, muito longa, deliciosamente longa.

A CARTOMANTE

Publicado pela primeira vez em 28 de novembro
de 1884 na *Gazeta de Notícias*; incluído em 1896 no livro *Várias histórias*.

Hamlet observa a Horácio que há mais coisas no céu e na terra do que sonha a nossa filosofia. Era a mesma explicação que dava a bela Rita ao moço Camilo, numa sexta-feira de novembro de 1869, quando este ria dela, por ter ido na véspera consultar uma cartomante; a diferença é que o fazia por outras palavras.

— Ria, ria. Os homens são assim; não acreditam em nada. Pois saiba que fui, e que ela adivinhou o motivo da consulta, antes mesmo que eu lhe dissesse o que era. Apenas começou a botar as cartas, disse-me: "A senhora gosta de uma pessoa..." Confessei que sim, e então ela continuou a botar as cartas, combinou-as, e no fim declarou-me que eu tinha medo de que você me esquecesse, mas que não era verdade...

— Errou! — interrompeu Camilo, rindo.

— Não diga isso, Camilo. Se você soubesse como eu tenho andado, por sua causa. Você sabe; já lhe disse. Não ria de mim, não ria...

Camilo pegou-lhe nas mãos, e olhou para ela sério e fixo. Jurou que lhe queria muito, que os seus sustos pareciam de criança; em todo o caso, quando tivesse algum receio, a melhor cartomante era ele mesmo. Depois, repreendeu-a; disse-lhe que era imprudente andar por essas casas. Vilela podia sabê-lo, e depois...

— Qual saber! tive muita cautela, ao entrar na casa.

— Onde é a casa?

— Aqui perto, na rua da Guarda Velha; não passava ninguém nessa ocasião. Descansa; eu não sou maluca.

Camilo riu outra vez:

— Tu crês deveras nessas coisas? — perguntou-lhe.

Foi então que ela, sem saber que traduzia Hamlet em vulgar, disse-lhe que havia muita coisa misteriosa e verdadeira neste mundo. Se ele não acreditava, paciência; mas o certo é que a cartomante adivinhara tudo. Que mais? A prova é que ela agora estava tranquila e satisfeita.

Cuido que ele ia falar, mas reprimiu-se. Não queria arrancar-lhe as ilusões. Também ele, em criança, e ainda depois, foi supersticioso, teve um arsenal inteiro de crendices, que a mãe lhe incutiu e que aos vinte anos desapareceram. No dia em que deixou cair toda essa vegetação parasita, e ficou só o tronco da religião, ele, como tivesse recebido da mãe ambos os ensinos, envolveu-os na mesma dúvida, e logo depois em uma só negação total. Camilo não acreditava em nada. Por quê? Não poderia dizê-lo, não possuía um só argumento; limitava-se a negar tudo. E digo mal, porque negar é ainda afirmar, e ele não formulava a incredulidade; diante do mistério, contentou-se em levantar os ombros, e foi andando.

Separaram-se contentes, ele ainda mais que ela. Rita estava certa de ser amada; Camilo, não só o estava, mas via-a estremecer e arriscar-se por ele, correr às cartomantes, e, por mais que a repreendesse, não podia deixar de sentir-se lisonjeado. A casa do encontro era na antiga rua dos Barbonos, onde morava uma comprovinciana de Rita. Esta desceu pela rua das Mangueiras, na direção de Botafogo, onde residia; Camilo desceu pela da Guarda Velha, olhando de passagem para a casa da cartomante.

Vilela, Camilo e Rita, três nomes, uma aventura, e nenhuma explicação das origens. Vamos a ela. Os dois primeiros eram amigos de infância. Vilela seguiu a carreira de magistrado. Camilo entrou no funcionalismo, contra a vontade do pai, que queria vê-lo médico; mas o pai morreu, e Camilo preferiu não ser nada, até que a mãe lhe arranjou um emprego público. No princípio de 1869, voltou Vilela da província, onde casara com uma dama formosa e tonta; abandonou a magistratura e veio abrir banca de advogado. Camilo arranjou-lhe casa para os lados de Botafogo, e foi a bordo recebê-lo.

— É o senhor? — exclamou Rita, estendendo-lhe a mão. — Não imagina como meu marido é seu amigo, falava sempre do senhor.

Camilo e Vilela olharam-se com ternura. Eram amigos deveras. Depois, Camilo confessou de si para si que a mulher do Vilela não desmentia as cartas do marido. Realmente, era graciosa e viva nos gestos, olhos cálidos, boca fina e interrogativa. Era um pouco mais velha que ambos: contava trinta anos, Vilela vinte e nove e Camilo vinte e seis. Entretanto, o porte grave de Vilela fazia-o parecer mais velho que a mulher, enquanto Camilo era um ingênuo na vida moral e prática. Faltava-lhe tanto a ação do tempo, como os óculos de cristal, que a natureza põe no berço de alguns para adiantar os anos. Nem experiência, nem intuição.

Uniram-se os três. Convivência trouxe intimidade. Pouco depois morreu a mãe de Camilo, e nesse desastre, que o foi, os dois mostraram-se grandes amigos dele. Vilela cuidou do enterro, dos sufrágios e do inventário; Rita tratou especialmente de coração, e ninguém o faria melhor.

Como daí chegaram ao amor, não o soube ele nunca. A verdade é que gostava de passar as horas ao lado dela; era a sua enfermeira moral, quase uma irmã, mas principalmente era mulher e bonita. *Odor di femmina*: eis o que ele aspirava nela, e em volta dela, para incorporá-lo em si próprio. Liam os mesmos livros, iam juntos a teatros e passeios. Camilo ensinou-lhe as damas e o xadrez e jogavam às noites; ela mal, ele, para lhe ser agradável, pouco menos mal. Até aí as coisas. Agora a ação da pessoa, os olhos teimosos de Rita, que procuravam muita vez os dele, que os consultavam antes de o fazer ao marido, as mãos frias, as atitudes insólitas. Um dia, fazendo ele anos, recebeu de Vilela uma rica bengala de presente, e de Rita apenas um cartão com um vulgar cumprimento a lápis, e foi então que ele pôde ler no próprio coração; não conseguia arrancar os olhos do bilhetinho. Palavras vulgares; mas há vulgaridades sublimes, ou, pelo menos, deleitosas. A velha caleça de praça, em que pela primeira vez passeaste com a mulher amada, fechadinhos ambos, vale o carro de Apolo. Assim é o homem, assim são as coisas que o cercam.

Camilo quis sinceramente fugir, mas já não pôde. Rita, como uma serpente, foi-se acercando dele, envolveu-o todo, fez-lhe estalar os ossos num espasmo, e pingou-lhe o veneno na boca. Ele ficou atordoado e subjugado. Vexame, sustos, remorsos, desejos, tudo sentiu de mistura; mas a batalha foi curta e a vitória delirante. Adeus, escrúpulos! Não tardou que o sapato se acomodasse ao pé, e aí foram ambos, estrada fora, braços dados, pisando folgadamente por cima de ervas e pedregulhos, sem padecer nada mais que algumas saudades, quando estavam ausentes um do outro. A confiança e estima de Vilela continuavam a ser as mesmas.

Um dia, porém, recebeu Camilo uma carta anônima, que lhe chamava imoral e pérfido, e dizia que a aventura era sabida de todos. Camilo teve medo, e, para desviar as suspeitas, começou a rarear as visitas à casa de Vilela. Este notou-lhe as ausências. Camilo respondeu que o motivo era uma paixão frívola de rapaz. Candura gerou astúcia. As ausências prolongaram-se, e as visitas cessaram inteiramente. Pode ser que entrasse também nisso um pouco de amor-próprio, uma intenção de diminuir os obséquios do marido, para tornar menos dura a aleivosia do ato.

Foi por esse tempo que Rita, desconfiada e medrosa, correu à cartomante para consultá-la sobre a verdadeira causa do procedimento de Camilo. Vimos que a cartomante restituiu-lhe a confiança, e que o rapaz repreendeu-a por ter feito o que fez. Correram ainda algumas semanas. Camilo recebeu mais duas ou três cartas anônimas, tão apaixonadas, que não podiam ser advertência da virtude, mas despeito de algum pretendente; tal foi a opinião de Rita, que, por outras palavras mal compostas, formulou este pensamento: a virtude é preguiçosa e avara, não gasta tempo nem papel; só o interesse é ativo e pródigo.

Nem por isso Camilo ficou mais sossegado; temia que o anônimo fosse ter com Vilela, e a catástrofe viria então sem remédio. Rita concordou que era possível.

— Bem — disse ela —; eu levo os sobrescritos para comparar a letra com as das cartas que lá aparecerem; se alguma for igual, guardo-a e rasgo-a...

Nenhuma apareceu; mas daí a algum tempo Vilela começou a mostrar-se sombrio, falando pouco, como desconfiado. Rita deu-se pressa em dizê-lo ao outro, e sobre isso deliberaram. A opinião dela é que Camilo devia tornar à casa deles, tatear o marido, e pode ser até que lhe ouvisse a confidência de algum negócio particular. Camilo divergia; aparecer depois de tantos meses era confirmar a suspeita ou denúncia. Mais valia acautelarem-se, sacrificando-se por algumas semanas. Combinaram os meios de se corresponderem, em caso de necessidade, e separaram-se com lágrimas.

No dia seguinte, estando na repartição, recebeu Camilo este bilhete de Vilela: "Vem já, já, à nossa casa; preciso falar-te sem demora". Era mais de meio-dia. Camilo saiu logo; na rua, advertiu que teria sido mais natural chamá-lo ao escritório; por que em casa? Tudo indicava matéria especial, e a letra, fosse realidade ou ilusão, afigurou-se-lhe trêmula. Ele combinou todas essas coisas com a notícia da véspera.

—Vem já, já, à nossa casa; preciso falar-te sem demora — repetia ele com os olhos no papel.

Imaginariamente, viu a ponta da orelha de um drama, Rita subjugada e lacrimosa, Vilela indignado, pegando da pena e escrevendo o bilhete, certo de que ele acudiria, e esperando-o para matá-lo. Camilo estremeceu, tinha medo: depois sorriu amarelo, e em todo caso repugnava-lhe a ideia de recuar, e foi andando. De caminho, lembrou-se de ir a casa; podia achar algum recado de Rita, que lhe explicasse tudo. Não achou nada, nem ninguém. Voltou à rua, e a ideia de estarem descobertos parecia-lhe cada vez mais verossímil; era natural uma denúncia anônima, até da própria pessoa que o ameaçara antes; podia ser que Vilela conhecesse agora tudo. A mesma suspensão das suas visitas, sem motivo aparente, apenas com um pretexto fútil, viria confirmar o resto.

Camilo ia andando inquieto e nervoso. Não relia o bilhete, mas as palavras estavam decoradas, diante dos olhos, fixas; ou então — o que era ainda pior — eram-lhe murmuradas ao ouvido, com a própria voz de Vilela. "Vem já, já, à nossa casa; preciso falar-te sem demora." Ditas assim, pela voz do outro, tinham um tom de mistério e ameaça. Vem, já, já, para quê? Era perto de uma hora da tarde. A comoção crescia de minuto a minuto. Tanto imaginou o que se iria passar, que chegou a crê-lo e vê-lo. Positivamente, tinha medo. Entrou a cogitar em ir armado, considerando que, se nada houvesse, nada perdia, e a precaução era útil. Logo depois rejeitava a ideia, vexado de si mesmo, e seguia, picando o passo, na direção do largo da Carioca, para entrar num tílburi. Chegou, entrou e mandou seguir a trote largo.

"Quanto antes, melhor", pensou ele; "não posso estar assim..."

Mas o mesmo trote do cavalo veio agravar-lhe a comoção. O tempo voava, e ele não tardaria a entestar com o perigo. Quase no fim da rua da Guarda Velha, o tílburi teve de parar; a rua estava atravancada com uma carroça, que caíra. Camilo, em si mesmo, estimou o obstáculo, e esperou. No fim de cinco minutos, reparou que ao lado, à esquerda, ao pé do tílburi, ficava a casa da cartomante, a quem Rita consultara uma vez, e nunca ele desejou tanto crer na lição das cartas. Olhou, viu as janelas fechadas, quando todas as outras estavam abertas e pejadas de curiosos do incidente da rua. Dir-se-ia a morada do indiferente Destino.

Camilo reclinou-se no tílburi, para não ver nada. A agitação dele era grande, extraordinária, e do fundo das camadas morais emergiam alguns fantasmas de outro tempo, as velhas crenças, as superstições antigas. O cocheiro propôs-lhe voltar à primeira travessa, e ir por outro caminho; ele respondeu que não, que esperasse. E inclinava-se para fitar a casa... Depois fez um gesto incrédulo: era a ideia de ouvir a cartomante, que lhe passava ao longe, muito longe, com vastas asas cinzentas; desapareceu, reapareceu, e tornou a esvair-se no cérebro; mas daí a pouco moveu outra vez as asas, mais perto, fazendo uns giros concêntricos... Na rua, gritavam os homens, safando a carroça:

— Anda! agora! empurra! vá! vá!

Daí a pouco estaria removido o obstáculo. Camilo fechava os olhos, pensava em outras coisas; mas a voz do marido sussurrava-lhe às orelhas as palavras da carta: "Vem, já, já...". E ele via as contorções do drama e tremia. A casa olhava para ele. As pernas queriam descer e entrar... Camilo achou-se diante de um longo véu opaco... pensou rapidamente no inexplicável de tantas coisas. A voz da mãe repetia-lhe uma porção de casos extraordinários, e a mesma frase do príncipe de Dinamarca reboava-lhe dentro: "Há mais coisas no céu e na terra do que sonha a filosofia...". Que perdia ele, se...?

Deu por si na calçada, ao pé da porta; disse ao cocheiro que esperasse, e rápido enfiou pelo corredor, e subiu a escada. A luz era pouca, os degraus comidos dos pés, o corrimão pegajoso; mas ele não viu nem sentiu nada. Trepou e bateu. Não aparecendo ninguém, teve ideia de descer; mas era tarde, a curiosidade fustigava-lhe o sangue, as fontes latejavam-lhe; ele tornou a bater uma, duas, três pancadas. Veio uma mulher; era a cartomante. Camilo disse que ia consultá-la, ela fê-lo entrar. Dali subiram ao sótão, por uma escada ainda pior que a primeira e mais escura. Em cima, havia uma salinha, mal alumiada por uma janela, que dava para o telhado dos fundos. Velhos trastes, paredes sombrias, um ar de pobreza, que antes aumentava do que destruía o prestígio.

A cartomante fê-lo sentar diante da mesa, e sentou-se do lado oposto, com as costas para a janela, de maneira que a pouca luz de fora batia em cheio no rosto de Camilo. Abriu uma gaveta e tirou um baralho de cartas compridas e enxovalhadas. Enquanto as baralhava, rapidamente, olhava para ele, não de rosto, mas por baixo dos olhos. Era uma mulher de quarenta anos, italiana, morena e magra, com grandes olhos sonsos e agudos. Voltou três cartas sobre a mesa, e disse-lhe:

— Vejamos primeiro o que é que o traz aqui. O senhor tem um grande susto...

Camilo, maravilhado, fez um gesto afirmativo.

— E quer saber — continuou ela — se lhe acontecerá alguma coisa ou não...

— A mim e a ela — explicou vivamente ele.

A cartomante não sorriu; disse-lhe só que esperasse. Rápido pegou outra vez das cartas e baralhou-as, com os longos dedos finos, de unhas descuradas; baralhou-as bem, transpôs os maços, uma, duas, três vezes; depois começou a estendê-las. Camilo tinha os olhos nela, curioso e ansioso.

— As cartas dizem-me...

Camilo inclinou-se para beber uma a uma as palavras. Então ela declarou-lhe que não tivesse medo de nada. Nada aconteceria nem a um nem a outro; ele, o terceiro, ignorava tudo. Não obstante, era indispensável muita cautela; ferviam invejas e despeitos. Falou-lhe do amor que os ligava, da beleza de Rita... Camilo estava deslumbrado. A cartomante acabou, recolheu as cartas e fechou-as na gaveta.

— A senhora restituiu-me a paz ao espírito — disse ele estendendo a mão por cima da mesa e apertando a da cartomante.

Esta levantou-se, rindo.

— Vá — disse ela —; vá, *ragazzo innamorato*...

E de pé, com o dedo indicador, tocou-lhe na testa. Camilo estremeceu, como se fosse a mão da própria sibila, e levantou-se também. A cartomante foi à cômoda, sobre a qual estava um prato com passas, tirou um cacho destas, começou a despencá-las e comê-las, mostrando duas fileiras de dentes que desmentiam as unhas. Nessa mesma ação comum, a mulher tinha um ar particular. Camilo, ansioso por sair, não sabia como pagasse; ignorava o preço.

— Passas custam dinheiro — disse ele afinal, tirando a carteira. — Quantas quer mandar buscar?

— Pergunte ao seu coração — respondeu ela.

Camilo tirou uma nota de dez mil-réis, e deu-lha. Os olhos da cartomante fuzilaram. O preço usual era dois mil--réis.

— Vejo bem que o senhor gosta muito dela... E faz bem; ela gosta muito do senhor. Vá, vá, tranquilo. Olhe a escada, é escura; ponha o chapéu...

A cartomante tinha já guardado a nota na algibeira, e descia com ele, falando, com um leve sotaque. Camilo despediu-se dela embaixo, e desceu a escada que levava à rua, enquanto a cartomante, alegre com a paga, tornava acima, cantarolando uma barcarola. Camilo achou o tílburi esperando; a rua estava livre. Entrou e seguiu a trote largo.

Tudo lhe parecia agora melhor, as outras coisas traziam outro aspecto, o céu estava límpido e as caras joviais. Chegou a rir dos seus receios, que chamou pueris; recordou os termos da carta de Vilela e reconheceu que eram íntimos e familiares. Onde é que ele lhe descobrira a ameaça? Advertiu também que eram urgentes, e que fizera mal em demorar-se tanto; podia ser algum negócio grave e gravíssimo.

— Vamos, vamos depressa — repetia ele ao cocheiro.

E consigo, para explicar a demora ao amigo, engenhou qualquer coisa; parece que formou também o plano de aproveitar o incidente para tornar à antiga assiduidade... De volta com os planos, reboavam-lhe na alma as palavras da cartomante. Em verdade, ela adivinhara o objeto da consulta, o estado dele, a existência de um terceiro; por que não adivinharia o resto? O presente que se ignora vale o futuro. Era assim, lentas e contínuas, que as velhas crenças do rapaz iam tornando ao de cima, e o mistério empolgava-o com as unhas de ferro. Às vezes queria rir, e ria de si mesmo, algo vexado; mas a mulher, as cartas, as palavras secas e afirmativas, a exortação: — Vá, vá, *ragazzo innamorato*; e no fim, ao longe, a barcarola da despedida, lenta e graciosa, tais eram os elementos recentes, que formavam, com os antigos, uma fé nova e vivaz.

A verdade é que o coração ia alegre e impaciente, pensando nas horas felizes de outrora e nas que haviam de vir.

Ao passar pela Glória, Camilo olhou para o mar, estendeu os olhos para fora, até onde a água e o céu dão um abraço infinito, e teve assim uma sensação do futuro, longo, longo, interminável.

Daí a pouco chegou à casa de Vilela. Apeou-se, empurrou a porta de ferro do jardim e entrou. A casa estava silenciosa. Subiu os seis degraus de pedra, e mal teve tempo de bater, a porta abriu-se, e apareceu-lhe Vilela.

— Desculpa, não pude vir mais cedo; que há?

Vilela não lhe respondeu; tinha as feições decompostas; fez-lhe sinal, e foram para uma saleta interior. Entrando, Camilo não pôde sufocar um grito de terror: ao fundo sobre o canapé, estava Rita morta e ensanguentada. Vilela pegou-o pela gola, e, com dois tiros de revólver, estirou-o morto no chão.

ENTRE DUAS DATAS

Publicado pela primeira vez entre
maio e junho de 1884 na revista *A Estação*.

Que duas pessoas se amem e se separem é, na verdade, coisa triste, desde que não há entre elas nenhum impedimento moral ou social. Mas o destino ou o acaso, ou o complexo das circunstâncias da vida determina muita vez o contrário. Uma viagem de negócio ou de recreio, uma convalescença, qualquer coisa basta (consultem La Palisse) para cavar um abismo entre duas pessoas.

Era isto, resumidamente, o que pensava uma noite o bacharel Duarte, à mesa de um café, tendo vindo do teatro Ginásio. Tinha visto no teatro uma moça muito parecida com outra que ele outrora namorara. Há quanto tempo ia isso! Há sete anos, foi em 1855. Ao ver a moça no camarote, chegou a pensar que era ela, mas advertiu que não podia ser; a outra tinha dezoito anos, devia estar com vinte e cinco, e esta não representava mais de dezoito, quando muito, dezenove.

Não era ela; mas tão parecida, que trouxe à memória do bacharel todo o passado, com as suas reminiscências vivas no espírito, e Deus sabe se no coração. Enquanto lhe preparavam o chá, Duarte divertiu-se em recompor a vida, se acaso tivesse casado com a primeira namorada — a primeira! Tinha então vinte e três anos. Vira-a na casa de um amigo, no Engenho Velho, e ficaram gostando um do outro. Ela era meiga e acanhada, linda a mais não ser, às vezes com ares de criança, que lhe davam ainda maior relevo. Era filha de um coronel.

Nada impedia que os dois se casassem, uma vez que se amavam e se mereciam. Mas aqui entrou justamente o destino ou o acaso, o que ele chamava há pouco "complexo das circunstâncias da vida", definição realmente comprida e enfadonha. O coronel teve ordem de seguir para o sul; ia demorar-se dois a três anos. Ainda assim podia a filha casar com o bacharel; mas não era este o sonho do pai da moça, que percebera o namoro e estimava poder matá-lo. O sonho do coronel era um general; em falta dele, um comendador rico. Pode ser que o bacharel viesse a ser um dia rico, comendador e até general — como no tempo da guerra do Paraguai. Pode ser, mas não era nada, por ora, e o pai de Malvina não queria arriscar todo o dinheiro que tinha nesse bilhete que podia sair-lhe branco.

Duarte não a deixou ir sem tentar alguma coisa. Meteu empenhos. Uma prima dele, casada com um militar, pediu ao marido que interviesse, e este fez tudo o que podia para ver se o coronel consentia no casamento da filha. Não alcançou nada. Afinal, o bacharel estava disposto a ir ter com eles no sul; mas o pai de Malvina dissuadiu-o de um tal projeto, dizendo-lhe primeiro que ela era ainda muito criança, e depois que, se ele lá aparecesse, então é que nunca lha daria.

Tudo isso foi pelos fins de 1855. Malvina seguiu com o pai, chorosa, jurando ao namorado que se atiraria ao mar, logo que saísse a barra do Rio de Janeiro. Jurou com sinceridade; mas a vida tem uma parte inferior que destrói, ou pelo menos, altera e atenua as resoluções morais. Malvina enjoou. Nesse estado, que toda a gente afirma ser intolerável, a moça não teve a necessária resolução para um ato de desespero. Chegou viva e sã ao Rio Grande.

Que houve depois? Duarte teve algumas notícias, a princípio, por parte da prima, a quem Malvina escrevia, todos os meses, cartas cheias de protestos e saudades. No fim de oito meses, Malvina adoeceu; depois escassearam as cartas. Afinal, indo ele à Europa, cessaram elas de todo.

Quando ele voltou, soube que a antiga namorada tinha casado em Jaguarão; e (vede a ironia do destino) não casou com general nem comendador rico, mas justamente com um bacharel sem dinheiro.

Está claro que ele não deu um tiro na cabeça nem murros na parede; ouviu a notícia e conformou-se com ela. Tinham então passado cinco anos; era em 1860. A paixão estava acabada; havia somente um fiozinho de lembrança teimosa. Foi cuidar da vida, à espera de casar também.

E é agora, em 1862, estando ele tranquilamente no Ginásio, que uma moça lhe apareceu com a cara, os modos e a figura de Malvina em 1855. Já não ouviu bem o resto do espetáculo; viu mal, muito mal, e, no café, encostado a uma mesa do canto, ao fundo, rememorava tudo, e perguntava a si mesmo qual não teria sido a sua vida, se tivessem realizado o casamento.

Poupo às pessoas que me leem a narração do que ele construiu, antes, durante e depois do chá. De quando em quando, queria sacudir a imagem do espírito; ela, porém, tornava e perseguia-o, assemelhando-se (perdoem-me as moças amadas) a uma mosca importuna. Não vou buscar à mosca senão a tenacidade da presença, que é uma virtude nas recordações amorosas; fica a parte odiosa da comparação para os conversadores enfadonhos. Demais, ele próprio, o próprio Duarte é que empregou a comparação, no dia seguinte, contando o caso ao colega de escritório. Contou-lhe então todo o passado.

— Nunca mais a viste?

— Nunca.

— Sabes se ela está aqui ou no Rio Grande?

— Não sei nada. Logo depois do casamento, disse-me a prima que ela vinha para cá; mas soube depois que não, e afinal não ouvi dizer mais nada. E que tem que esteja? Isto é negócio acabado. Ou supões que seria ela mesma que vi? Afirmo-te que não.

— Não, não suponho nada; fiz a pergunta à toa.

— À toa? — repetiu Duarte rindo.

— Ou de propósito, se queres. Na verdade, eu creio que tu... Digo? Creio que ainda estás embeiçado...

— Por quê?

— A turvação de ontem...

— Que turvação?

— Tu mesmo o disseste; ouviste mal o resto do espetáculo, pensaste nela depois, e agora mesmo contas-me tudo com um tal ardor...

— Deixa-te disso. Contei o que senti, e o que senti foram saudades do passado. Presentemente.

Daí a dias, estando com a prima — a intermediária antiga das notícias —, contou-lhe o caso do Ginásio.

— Você ainda se lembra disso? — disse ela.

— Não me lembro, mas naquela ocasião deu-me um choque... Não imagina como era parecida. Até aquele jeitinho que Malvina dava à boca, quando ficava aborrecida, até isso...

— Em todo caso, não é a mesma.

— Por quê? está muito diferente?

— Não sei; mas sei que Malvina ainda está no Rio Grande.

— Em Jaguarão?

— Não; depois da morte do marido...

— Enviuvou?

— Pois então? há um ano. Depois da morte do marido, mudou-se para a capital.

Duarte não pensou mais nisto. Parece mesmo que alguns dias depois encetou um namoro, que durou muitos meses. Casaria, talvez, se a moça, que já era doente, não viesse a morrer, e deixá-lo como dantes. Segunda noiva perdida.

Acabava o ano de 1863. No princípio de 1864, indo ele jantar com a prima, antes de seguir para Cantagalo, onde tinha de defender um processo, anunciou-lhe ela que um ou dois meses depois chegaria Malvina do Rio Grande. Trocaram alguns gracejos, alusões ao passado e ao futuro; e, tanto quanto se pode dizer, parece que ele saiu de lá pensando na recente viúva. Tudo por causa do encontro no Ginásio em 1862. Entretanto, seguiu para Cantagalo.

Não dois meses, nem um, mas vinte dias depois, Malvina chegou do Rio Grande. Não a conhecemos antes, mas pelo que diz a amiga ao marido, voltando de visitá-la, parece que está bonita, embora mudada. Realmente, são passados nove anos. A beleza está mais acentuada, tomou outra expressão, deixou de ser o alfenim de 1855, para ser mulher verdadeira. Os olhos é que perderam a candura de outro tempo, e um certo aveludado, que acariciava as pessoas que os recebiam. Ao mesmo tempo, havia nela, outrora, um acanhamento próprio da idade, que o tempo levou: é o que acontece a todas as pessoas. Malvina é expansiva, ri muito, mofa um pouco, e ocupa-se de que a vejam e admirem. Também outras senhoras fazem a mesma coisa em tal idade, e até depois, não sei se muito depois; não a criminemos por um pecado tão comum.

Passados alguns dias, a prima do bacharel falou deste à amiga, contou-lhe a conversa que tiveram juntos, o encontro do Ginásio, e tudo isso pareceu interessar grandemente à outra. Não foram adiante; mas a viúva tornou a falar do assunto, não uma, nem duas, mas muitas vezes.

— Querem ver que você está querendo recordar-se...

Malvina fez um gesto de ombros para fingir indiferença; mas fingiu mal. Contou-lhe depois a história do casamento. Afirmou que não tivera paixão pelo marido, mas que o estimara bastante. Confessou que muita vez se lembrara do Duarte. E como estava ele? tinha ainda o mesmo bigode? ria como dantes? dizia as mesmas graças?

— As mesmas.

— Não mudou nada?

— Tem o mesmo bigode, e ri como antigamente; tem mais alguma coisa: um par de suíças.

— Usa suíças?

— Usa, e por sinal que bonitas, grandes, castanhas...

Malvina recompôs na cabeça a figura de 1855, pondo-lhe as suíças, e achou que deviam ir-lhe bem, conquanto o bigode somente fosse mais adequado ao tipo anterior. Até aqui era brincar; mas a viúva começou a pensar nele com insistência; interrogava muito a outra, perguntava-lhe quando é que ele vinha.

— Creio que Malvina e Duarte acabam casando — disse a outra ao marido.

Duarte veio finalmente de Cantagalo. Um e outro souberam que iam aproximar-se; e a prima, que jurara aos seus deuses casá-los, tornou o encontro de ambos ainda mais apetecível. Falou muito dele à amiga; depois quando ele chegou, falou-lhe muito dela, entusiasmada. Em seguida arranjou-lhes um encontro, em terreno neutro. Convidou-os para um jantar.

Podem crer que o jantar foi esperado com ânsia por ambas as partes. Duarte, ao aproximar-se da casa da prima, sentiu mesmo uns palpites de outro tempo; mas dominou-se e subiu. Os palpites aumentaram; e o primeiro encontro de ambos foi de alvoroço e perturbação. Não disseram nada; não podiam dizer coisa nenhuma. Parece até que o bacharel tinha planeado um certo ar de desgosto e repreensão. Realmente, nenhum deles fora fiel ao outro, mas as aparências eram a favor dele, que não casara, e contra ela, que casara e enterrara o marido. Daí a frieza calculada da parte do bacharel, uma impassibilidade de fingido desdém. Malvina não afetara nem podia afetar a mesma atitude; mas estava naturalmente acanhada — ou digamos a palavra toda, que é mais curta, vexada. Vexada é o que era.

A amiga dos dois tomou a si desacanhá-los, reuni-los, preencher o enorme claro que havia entre as duas datas, e, com o marido, tratou de fazer um jantar alegre. Não foi tão alegre como devia ser; ambos espiavam-se, observavam-se, tratavam de reconhecer o passado, de compará-lo ao presente, de ajuntar a realidade às reminiscências. Eis algumas palavras trocadas à mesa entre eles:

— O Rio Grande é bonito?

— Muito: gosto muito de Porto Alegre.

— Parece que há muito frio?

— Muito.

E depois, ela:

— Tem tido bons cantores por cá?

— Temos tido.

— Há muito tempo não ouço uma ópera.

Óperas, frio, ruas, coisas de nada, indiferentes, e isso mesmo a largos intervalos. Dir-se-ia que cada um deles só possuía a sua língua, e exprimia-se numa terceira, de que mal sabiam quatro palavras. Em suma, um primeiro encontro cheio de esperanças. A dona da casa achou-os excessivamente acanhados, mas o marido corrigiu-lhe a impressão, ponderando que isso mesmo era prova de lembrança viva a despeito dos tempos.

Os encontros naturalmente amiudaram-se. A amiga de ambos entrou a favorecê-los. Eram convites para jantares, para espetáculos, passeios, saraus — eram até convites para missas. Custa dizer, mas é certo que ela até recorreu à igreja para ver se os prendia de uma vez.

Não menos certo é que não lhes falou de mais nada. A mais vulgar discrição pedia o silêncio, ou pelo menos, a alusão galhofeira e sem calor; ela preferiu não dizer nada. Em compensação observava-os, e vivia numas alternativas de esperança e desalento. Com efeito, eles pareciam andar pouco.

Durante os primeiros dias, nada mais houve entre ambos, além de observação e cautela. Duas pessoas que se veem pela primeira vez, ou que se tornam a ver naquelas circunstâncias, naturalmente dissimulam. É o que lhes acontecia. Nem um nem outro deixava correr a natureza, pareciam andar às apalpadelas, cheios de circunspecção e atentos ao menor escorregão. Do passado, coisa nenhuma. Viviam como se tivessem nascido uma semana antes, e devessem morrer na seguinte; nem passado nem futuro. Malvina sofreou a expansão que os anos lhe trouxeram, Duarte o tom de homem solteiro e alegre, com preocupações políticas, e uma ponta de ceticismo e de gastronomia. Cada um punha a máscara, desde que tinham de encontrar-se.

Mas isto mesmo não podia durar muito; no fim de cinco ou seis semanas, as máscaras foram caindo. Uma noite, achando-se no teatro, Duarte viu-a no camarote e não pôde esquivar-se de a comparar com a que vira antes, e tanto se parecia com a Malvina de 1855. Era outra coisa, assim de longe, e às luzes, sobressaindo no fundo escuro do camarote. Além disso, pareceu-lhe que ela voltava a cabeça para todos os lados com muita preocupação do efeito que estivesse causando.

"Quem sabe se deu em namoradeira?", pensou ele.

E, para sacudir este pensamento, olhou para outro lado; pegou do binóculo e percorreu alguns camarotes. Um deles tinha uma dama, assaz galante, que ele namorara um ano antes, pessoa que era livre, e a quem ele proclamara a mais bela das cariocas. Não deixou de a ver, sem algum prazer; o binóculo demorou-se ali, e tornou ali, uma, duas, três, muitas vezes. Ela, pela sua parte, viu a insistência e não se zangou. Malvina, que notou isso de longe, não se sentiu despeitada; achou natural que ele, perdidas as esperanças, tivesse outros amores.

Um e outro eram sinceros aproximando-se. Um e outro reconstruíam o sonho anterior para repeti-lo. E por mais que as reminiscências posteriores viessem salteá-lo, ele pensava nela; e por mais que a imagem do marido surgisse do passado e do túmulo, ela pensava no outro. Eram como duas pessoas que se olham, separadas por um abismo, e estendem os braços para se apertarem.

O melhor e mais pronto era que ele a visitasse: foi o que começou a fazer — dali a pouco. Malvina reunia todas as semanas as pessoas de amizade. Duarte foi dos primeiros convidados, e não faltou nunca. As noites eram agradáveis, animadas, posto que ela devesse repartir-se com os outros. Duarte notava-lhe o que já ficou dito: gostava de ser admirada; mas desculpou-a dizendo que era um desejo natural às mulheres bonitas. Verdade é que, na terceira noite, pareceu-lhe que o desejo era excessivo, e chegava ao ponto de a distrair totalmente. Malvina falava para ter o pretexto de olhar, voltava a cabeça, quando ouvia alguém, para circular os olhos pelos rapazes e homens feitos, que aqui e ali a namoravam. Esta impressão foi confirmada na quarta noite e na quinta, desconsolou-o bastante.

— Que tolice! — disse-lhe a prima, quando ele lhe falou nisso, afetando indiferença. — Malvina olha para mostrar que não desdenha os seus convidados.

— Vejo que fiz mal em falar a você — redarguiu ele rindo.

— Por quê?

— Todos os diabos, naturalmente, defendem-se — continuou Duarte —; todas vocês gostam de ser olhadas; e, quando não gostam, defendem-se sempre.

— Então, se é um querer geral, não há onde escolher, e nesse caso...

Duarte achou a resposta feliz, e falou de outra coisa. Mas, na outra noite, não achou somente que a viúva tinha esse vício em grande escala; achou mais. A alegria e expansão das maneiras trazia uma gota amarga de maledicência. Malvina mordia, pelo gosto de morder, sem ódio nem interesse. Começando a frequentá-la, nos outros dias, achou-lhe um riso mal composto, e, principalmente, uma grande dose de ceticismo. A zombaria nos lábios dela orçava pela troça elegante.

"Nem parece a mesma", disse ele consigo.

Outra coisa que ele lhe notou — e não lhe notaria se não fossem as descobertas anteriores — foi o tom cansado dos olhos, o que acentuava mais o tom velhaco do olhar. Não a queria inocente, como em 1855; mas parecia-lhe que era mais que sabida, e essa nova descoberta trouxe ao espírito dele uma feição de aventura, não de obra conjugal. Daí em diante, tudo era achar defeitos; tudo era reparo, lacuna, excesso, mudança.

E, contudo, é certo que ela trabalhava em reatar sinceramente o vínculo partido. Tinha-o confiado à amiga, perguntando-lhe esta por que não casava outra vez.

— Para mim há muitos noivos possíveis — respondeu Malvina; mas só chegarei a aceitar um.

— É meu conhecido? — perguntou a outra sorrindo.

Malvina levantou os ombros, como dizendo que não

sabia; mas os olhos não acompanhavam os ombros, e a outra leu neles o que já desconfiava.

— Seja quem for — disse-lhe —, o que é que lhe impede de casar?

— Nada.

— Então...

Malvina esteve calada alguns instantes; depois confessou que a pessoa lhe parecia mudada ou esquecida.

— Esquecida, não — acudiu vivamente a outra.

— Pois só mudada; mas está mudada.

— Mudada...

Na verdade, também ela achava transformação no antigo namorado. Não era o mesmo, nem fisicamente nem moralmente. A tez era agora mais áspera; e o bigode da primeira hora estava trocado por umas barbas sem graça; é o que ela dizia, e não era exato. Não é porque Malvina tivesse na alma uma corda poética ou romântica; ao contrário, as cordas eram comuns. Mas tratava-se de um tipo que lhe ficara na cabeça, e na vida dos primeiros anos. Desde que não respondia às feições exatas do primeiro, era outro homem. Moralmente, achava-o frio, sem arrojo, nem entusiasmo, muito amigo da política, desdenhoso e um pouco aborrecido. Não disse nada disto à amiga; mas era a verdade das suas impressões. Tinham-lhe trocado o primeiro amor.

Ainda assim, não desistiu de ir para ele, nem ele para ela; um buscava no outro o esqueleto, ao menos, do primeiro tipo. Não acharam nada. Nem ele era ele, nem ela era ela. Separados, criavam forças, porque recordavam o quadro anterior, e recompunham a figura esvaída; mas tão depressa tornavam a unir-se como reconheciam que o original não se parecia com o retrato — tinham-lhes mudado as pessoas.

E assim foram passando as semanas e os meses. A mesma frieza do desencanto tendia a acentuar as lacunas que um apontava ao outro, e pouco a pouco, cheios de melhor vontade, foram-se separando. Não durou este segundo namoro, ou como melhor nome tenha, mais de dez meses. No fim deles, estavam ambo s despersuadidos de reatar o que fora roto. Não se refazem os homens — e, nesta palavra, estão compreendidas as mulheres; nem eles nem elas se devolvem ao que foram... Dir-se-á que a terra volta a ser o que era, quando torna a estação melhor; a terra, sim, mas as plantas, não. Cada uma delas é um Duarte ou uma Malvina.

Ao cabo daquele tempo esfriaram; seis ou oito meses depois, casaram-se — ela, com um homem que não era mais bonito, nem mais entusiasta, que o Duarte; ele com outra viúva, que tinha os mesmos característicos da primeira. Parece que não ganharam nada; mas ganharam não casar uma desilusão com outra: eis tudo, e não é pouco.

NOITE DE ALMIRANTE

Publicado pela primeira vez em 10 de fevereiro de 1884
na *Gazeta de Notícias*; incluído em 1884 no livro *Histórias sem data*.

Deolindo Venta-Grande (era uma alcunha de bordo) saiu do arsenal de marinha e enfiou pela rua de Bragança. Batiam três horas da tarde. Era a fina flor dos marujos e, de mais, levava um grande ar de felicidade nos olhos. A corveta dele voltou de uma longa viagem de instrução, e Deolindo veio à terra tão depressa alcançou licença. Os companheiros disseram-lhe, rindo:

— Ah! Venta-Grande! Que noite de almirante vai você passar! ceia, viola e os braços de Genoveva. Colozinho de Genoveva...

Deolindo sorriu. Era assim mesmo, uma noite de almirante, como eles dizem, uma dessas grandes noites de almirante que o esperava em terra. Começara a paixão três meses antes de sair a corveta. Chamava-se Genoveva, caboclinha de vinte anos, esperta, olho negro e atrevido. Encontraram-se em casa de terceiro e ficaram morrendo um pelo outro, a tal ponto que estiveram prestes a dar uma cabeçada, ele deixaria o serviço e ela o acompanharia para a vila mais recôndita do interior.

A velha Inácia, que morava com ela, dissuadiu-os disso; Deolindo não teve remédio senão seguir em viagem de instrução. Eram oito ou dez meses de ausência. Como fiança recíproca, entenderam dever fazer um juramento de fidelidade.

— Juro por Deus que está no céu. E você?

— Eu também.

— Diz direito.

— Juro por Deus que está no céu; a luz me falte na hora da morte.

Estava celebrado o contrato. Não havia descrer da sinceridade de ambos; ela chorava doidamente, ele mordia o beiço para dissimular. Afinal separaram-se, Genoveva foi ver sair a corveta e voltou para casa com um tal aperto no coração que parecia que "lhe ia dar uma coisa". Não lhe deu nada, felizmente; os dias foram passando, as semanas, os meses, dez meses, ao cabo dos quais, a corveta tornou e Deolindo com ela.

Lá vai ele agora, pela rua de Bragança, Prainha e Saúde, até ao princípio da Gamboa, onde mora Genoveva. A casa é uma rotulazinha escura, portal rachado do sol, passando o Cemitério dos Ingleses; lá deve estar Genoveva, debruçada à janela, esperando por ele. Deolindo prepara uma palavra que lhe diga. Já formulou esta: "Jurei e cumpri", mas procura outra melhor. Ao mesmo tempo lembra as mulheres que viu por esse mundo de Cristo, italianas, marselhesas ou turcas, muitas delas bonitas, ou que lhe pareciam tais. Concorda que nem todas seriam para os beiços dele, mas algumas eram, e nem por isso fez caso de nenhuma. Só pensava em Genoveva. A mesma casinha dela, tão pequenina, e a mobília de pé quebrado, tudo velho e pouco, isso mesmo lhe lembrava diante dos palácios de outras terras. Foi à custa de muita economia que comprou em Trieste um par de brincos, que leva agora no bolso com algumas bugigangas. E ela que lhe guardaria? Pode ser que um lenço marcado com o nome dele e uma âncora na ponta, porque ela sabia marcar muito bem. Nisto chegou à Gamboa, passou o cemitério e deu com a casa fechada. Bateu, falou-lhe uma voz conhecida, a da velha Inácia, que veio abrir--lhe a porta com grandes exclamações de prazer. Deolindo, impaciente, perguntou por Genoveva.

— Não me fale nessa maluca — arremeteu a velha. — Estou bem satisfeita com o conselho que lhe dei. Olhe lá se fugisse. Estava agora como o lindo amor.

— Mas que foi? que foi?

A velha disse-lhe que descansasse, que não era nada, uma dessas coisas que aparecem na vida; não valia a pena zangar-se. Genoveva andava com a cabeça virada...

— Mas virada por quê?

— Está com um mascate, José Diogo. Conheceu José Diogo, mascate de fazendas? Está com ele. Não imagina a paixão que eles têm um pelo outro. Ela então anda maluca. Foi o motivo da nossa briga. José Diogo não me saía da porta; eram conversas e mais conversas, até que eu um dia disse que não queria a minha casa difamada. Ah! meu pai do céu! foi um dia de juízo. Genoveva investiu para mim com uns olhos deste tamanho, dizendo que nunca difamou ninguém e não precisava de esmolas. Que esmolas, Genoveva? O que digo é que não quero esses cochichos à porta, desde as ave-marias... dois dias depois estava mudada e brigada comigo.

— Onde mora ela?

— Na praia Formosa, antes de chegar à pedreira, uma rótula pintada de novo.

Deolindo não quis ouvir mais nada. A velha Inácia, um tanto arrependida, ainda lhe deu avisos de prudência, mas ele não os escutou e foi andando. Deixo de notar o que pensou em todo o caminho; não pensou nada. As ideias marinhavam-lhe no cérebro, como em hora de temporal, no meio de uma confusão de ventos e apitos. Entre elas rutilou a faca de bordo, ensanguentada e vingadora. Tinha passado a Gamboa, o Saco do Alferes, entrara na praia Formosa. Não sabia o número da casa, mas era perto da pedreira, pintada de novo, e com auxílio da vizinhança poderia achá-la. Não contou com o acaso que pegou de Genoveva e fê-la sentar à janela, cosendo, no momento em que Deolindo ia passando. Ele conheceu-a e parou; ela, vendo o vulto de um homem, levantou os olhos e deu com o marujo.

— Que é isso? — exclamou espantada. — Quando chegou? Entre, seu Deolindo.

E, levantando-se, abriu a rótula e fê-lo entrar. Qualquer outro homem ficaria alvoroçado de esperanças, tão francas eram as maneiras da rapariga; podia ser que a velha se enganasse ou mentisse; podia ser mesmo que a cantiga do mascate estivesse acabada. Tudo isso lhe passou pela cabeça, sem a forma precisa do raciocínio ou da reflexão, mas em tumulto e rápido. Genoveva deixou a porta aberta: fê-lo sentar-se, pediu-lhe notícias da viagem e achou-o mais gordo; nenhuma comoção nem intimidade. Deolindo perdeu a última esperança. Em falta de faca, bastavam-lhe as mãos para estrangular Genoveva, que era um pedacinho de gente, e durante os primeiros minutos não pensou em outra coisa.

— Sei tudo — disse ele.

— Quem lhe contou?

Deolindo levantou os ombros.

— Fosse quem fosse — tornou ela —, disseram-lhe que eu gostava muito de um moço?

— Disseram.

— Disseram a verdade.

Deolindo chegou a ter um ímpeto; ela fê-lo parar só com a ação dos olhos. Em seguida disse que, se lhe abrira a porta, é porque contava que era homem de juízo. Contou-lhe então tudo, as saudades que curtira, as propostas do mascate, as suas recusas, até que um dia, sem saber como, amanhecera gostando dele.

— Pode crer que pensei muito e muito em você. Sinhá Inácia que lhe diga se não chorei muito... Mas o coração mudou... Mudou... Conto-lhe tudo isto, como se estivesse diante do padre — concluiu sorrindo.

Não sorria de escárnio. A expressão das palavras é que era uma mescla de candura e cinismo, de insolência e simplicidade, que desisto de definir melhor. Creio até que insolência e cinismo são mal aplicados. Genoveva não se defendia de um erro ou de um perjúrio; não se defendia de nada; faltava-lhe o padrão moral das ações. O que dizia, em resumo, é que era melhor não ter mudado, dava-se bem com a afeição do Deolindo, a prova é que quis fugir com ele; mas, uma vez que o mascate venceu o marujo, a razão era do mascate, e cumpria declará-lo. Que vos parece? O pobre marujo citava o juramento de despedida, como uma obrigação eterna, diante da qual consentira em não fugir e embarcar: "Juro por Deus que está no céu; a luz me falte na hora da morte". Se embarcou, foi porque ela lhe jurou isso. Com essas palavras é que andou, viajou, esperou e tornou; foram elas que deram a força de viver. Juro por Deus que está no céu; a luz me falte na hora da morte...

— Pois, sim, Deolindo, era verdade. Quando jurei, era verdade. Tanto era verdade que eu queria fugir com você para o sertão. Só Deus sabe se era verdade! Mas vieram outras coisas... Veio este moço e eu comecei a gostar dele...

— Mas a gente jura é para isso mesmo; é para não gostar de mais ninguém...

— Deixa disso, Deolindo. Então você só se lembrou de mim? Deixa de partes...

— A que horas volta José Diogo?

— Não volta hoje.

— Não?

— Não volta; está lá para os lados de Guaratiba com a caixa; deve voltar sexta-feira ou sábado... E por que é que você quer saber? Que mal lhe fez ele?

Pode ser que qualquer outra mulher tivesse igual palavra; poucas lhe dariam uma expressão tão cândida, não de propósito, mas involuntariamente. Vede que estamos aqui muito próximos da natureza. Que mal lhe fez ele? Que mal lhe fez esta pedra que caiu de cima? Qualquer mestre de física lhe explicaria a queda das pedras. Deolindo declarou, com um gesto de desespero, que queria matá-lo. Genoveva olhou para ele com desprezo, sorriu de leve e deu um muxoxo; e, como ele lhe falasse de ingratidão e perjúrio, não pôde disfarçar o pasmo. Que perjúrio? Que ingratidão? Já lhe tinha dito e repetia que quando jurou era verdade. Nossa Senhora, que ali estava, em cima da cômoda, sabia se era verdade ou não. Era assim que lhe pagava o que padeceu? E ele que tanto enchia a boca de fidelidade, tinha-se lembrado dela por onde andou?

A resposta dele foi meter a mão no bolso e tirar o pacote que lhe trazia. Ela abriu-o, aventou as bugigangas, uma por uma, e por fim deu com os brincos. Não eram nem poderiam ser ricos; eram mesmo de mau gosto, mas faziam uma vista de todos os diabos. Genoveva pegou deles, contente, deslumbrada, mirou-os por um lado e outro, perto e longe dos olhos, e afinal enfiou-os nas orelhas; depois foi ao espelho de pataca, suspenso na parede, entre a janela e a rótula, para ver o efeito que lhe faziam. Recuou, aproximou-se, voltou a cabeça da direita para a esquerda e da esquerda para a direita.

— Sim, senhor, muito bonitos — disse ela, fazendo uma grande mesura de agradecimento. — Onde é que comprou?

Creio que ele não respondeu nada, nem teria tempo para isso, porque ela disparou mais duas ou três perguntas, uma atrás da outra, tão confusa estava de receber um mimo a troco de um esquecimento. Confusão de cinco ou quatro minutos; pode ser que dois. Não tardou que tirasse os brincos, e os contemplasse e pusesse na caixinha em cima da mesa redonda que estava no meio da sala. Ele pela sua parte começou a crer que, assim como a perdeu, estando ausente, assim o outro, ausente, podia também perdê-la; e, provavelmente, ela não lhe jurara nada.

— Brincando, brincando, é noite — disse Genoveva.

Com efeito, a noite ia caindo rapidamente. Já não podiam ver o Hospital dos Lázaros e mal distinguiam a Ilha dos Melões; as mesmas lanchas e canoas, postas em seco, defronte da casa, confundiam-se com a terra e o lodo da praia. Genoveva acendeu uma vela. Depois foi sentar-se na soleira da porta e pediu-lhe que contasse alguma coisa das terras por onde andara. Deolindo recusou a princípio; disse que se ia embora, levantou-se e deu alguns passos na sala. Mas o demônio da esperança mordia e babujava o coração do pobre-diabo, e ele voltou a sentar-se, para dizer duas ou três anedotas de bordo. Genoveva escutava com atenção. Interrompidos por uma mulher da vizinhança, que ali veio, Genoveva fê-la sentar-se também para ouvir "as bonitas histórias que o sr. Deolindo estava contando". Não houve outra apresentação. A grande dama que prolonga a vigília para concluir a leitura de um livro ou de um capítulo não vive mais intimamente a vida dos personagens do que a antiga amante do marujo vivia as cenas que ele ia contando, tão livremente interessada e presa, como se entre ambos não houvesse mais que uma narração de episódios. Que importa à grande dama o autor do livro? Que importava a esta rapariga o contador dos episódios?

A esperança, entretanto, começava a desampará-lo e ele levantou-se definitivamente para sair. Genoveva não quis deixá-lo sair antes que a amiga visse os brincos, e foi mostrar-lhos com grandes encarecimentos. A outra ficou encantada, elogiou-os muito, perguntou se os comprara em França e pediu a Genoveva que os pusesse.

— Realmente, são muito bonitos.

Quero crer que o próprio marujo concordou com essa opinião. Gostou de os ver, achou que pareciam feitos para ela e, durante alguns segundos, saboreou o prazer exclusivo e superfino de haver dado um bom presente; mas foram só alguns segundos.

Como ele se despedisse, Genoveva acompanhou-o até à porta para lhe agradecer ainda uma vez o mimo, e provavelmente dizer-lhe algumas coisas meigas e inúteis. A amiga, que deixara ficar na sala, apenas lhe ouviu esta palavra: "Deixa disso, Deolindo"; e esta outra do marinheiro: "Você verá". Não pôde ouvir o resto, que não passou de um sussurro.

Deolindo seguiu, praia fora, cabisbaixo e lento, não já o rapaz impetuoso da tarde, mas com um ar velho e triste, ou, para usar outra metáfora de marujo, como um homem "que vai do meio caminho para terra". Genoveva entrou logo depois, alegre e barulhenta. Contou à outra a anedota dos seus amores marítimos, gabou muito o gênio do Deolindo e os seus bonitos modos; a amiga declarou achá-lo grandemente simpático.

— Muito bom rapaz — insistiu Genoveva. — Sabe o que ele me disse agora?

— Que foi?

— Que vai matar-se.

— Jesus!

— Qual o quê! Não se mata, não. Deolindo é assim mesmo; diz as coisas, mas não faz. Você verá que não se mata. Coitado, são ciúmes. Mas os brincos são muito engraçados.

— Eu aqui ainda não vi destes.

— Nem eu — concordou Genoveva, examinando-os à luz. Depois guardou-os e convidou a outra a coser. — Vamos coser um bocadinho, quero acabar o meu corpinho azul...

A verdade é que o marinheiro não se matou. No dia seguinte, alguns dos companheiros bateram-lhe no ombro, cumprimentando-o pela noite de almirante, e pediram-lhe notícias de Genoveva, se estava mais bonita, se chorara muito na ausência etc. Ele respondia a tudo com um sorriso satisfeito e discreto, um sorriso de pessoa que viveu uma grande noite. Parece que teve vergonha da realidade e preferiu mentir.

CANTIGA DE ESPONSAIS

Publicado pela primeira vez em 15 de maio de 1883
na *Gazeta de Notícias*; incluído em 1884 no livro *Histórias sem data*.

Imagine a leitora que está em 1813, na Igreja do Carmo, ouvindo uma daquelas boas festas antigas, que eram todo o recreio público e toda a arte musical. Sabem o que é uma missa cantada; podem imaginar o que seria uma missa cantada daqueles anos remotos. Não lhe chamo a atenção para os padres e os sacristães, nem para o sermão, nem para os olhos das moças cariocas, que já eram bonitos nesse tempo, nem para as mantilhas das senhoras graves, os calções, as cabeleiras, as sanefas, as luzes, os incensos, nada. Não falo sequer da orquestra, que é excelente; limito-me a mostrar-lhes uma cabeça branca, a cabeça desse velho que rege a orquestra, com alma e devoção.

Chama-se Romão Pires; terá sessenta anos, não menos, nasceu no Valongo, ou por esses lados. É bom músico e bom homem; todos os músicos gostam dele. Mestre Romão é o nome familiar; e dizer familiar e público era a mesma coisa em tal matéria e naquele tempo. "Quem rege a missa é mestre Romão", equivalia a esta outra forma de anúncio, anos depois: "Entra em cena o ator João Caetano"; ou então: "O ator Martinho cantará uma de suas melhores árias". Era o tempero certo, o chamariz delicado e popular. Mestre Romão rege a festa! Quem não conhecia mestre Romão, com o seu ar circunspecto, olhos no chão, riso triste, e passo demorado? Tudo isso desaparecia à frente da orquestra; então a vida derramava-se por todo o corpo e todos os gestos do mestre; o olhar acendia-se, o riso iluminava-se: era outro. Não que a missa fosse dele; esta, por exemplo, que ele rege agora no Carmo é de José Maurício; mas ele rege-a com o mesmo amor que empregaria, se a missa fosse sua.

Acabou a festa; é como se acabasse um clarão intenso, e deixasse o rosto apenas alumiado da luz ordinária. Ei-lo que desce do coro, apoiado na bengala; vai à sacristia beijar a mão aos padres e aceita um lugar à mesa do jantar. Tudo isso indiferente e calado. Jantou, saiu, caminhou para a rua da Mãe dos Homens, onde reside, com um preto velho, pai José, que é a sua verdadeira mãe, e que neste momento conversa com uma vizinha.

— Mestre Romão lá vem, pai José — disse a vizinha.

— Eh! eh! adeus, sinhá, até logo.

Pai José deu um salto, entrou em casa, e esperou o senhor, que daí a pouco entrava com o mesmo ar do costume. A casa não era rica naturalmente; nem alegre. Não tinha o menor vestígio de mulher, velha ou moça, nem passarinhos que cantassem, nem flores, nem cores vivas ou jucundas. Casa sombria e nua. O mais alegre era um cravo, onde o mestre Romão tocava algumas vezes, estudando. Sobre uma cadeira, ao pé, alguns papéis de música; nenhuma dele...

Ah! se mestre Romão pudesse seria um grande compositor. Parece que há duas sortes de vocação, as que têm língua e as que a não têm. As primeiras realizam-se; as últimas representam uma luta constante e estéril entre o impulso interior e a ausência de um modo de comunicação com os homens. Romão era destas. Tinha a vocação íntima da música; trazia dentro de si muitas óperas e missas, um mundo de harmonias novas e originais, que não alcançava exprimir e pôr no papel. Esta era a causa única da tristeza de mestre Romão. Naturalmente o vulgo não atinava com ela; uns diziam isto, outros aquilo: doença, falta de dinheiro, algum desgosto antigo; mas a verdade é esta: — a causa da melancolia de mestre Romão era não poder compor, não possuir o meio de traduzir o que sentia. Não é que não rabiscasse muito papel e não interrogasse o cravo, durante horas; mas tudo lhe saía informe, sem ideia nem harmonia. Nos últimos tempos tinha até vergonha da vizinhança, e não tentava mais nada.

E, entretanto, se pudesse, acabaria ao menos uma certa peça, um canto esponsalício, começado três dias depois de casado, em 1779. A mulher, que tinha então vinte e um anos, e morreu com vinte e três, não era muito bonita, nem pouco, mas extremamente simpática, e amava-o tanto como ele a ela. Três dias depois de casado, mestre Romão sentiu em si alguma coisa parecida com inspiração. Ideou então o canto esponsalício, e quis compô-lo; mas a inspiração não pôde sair. Como um pássaro que acaba de ser preso, e forceja por transpor as paredes da gaiola, abaixo, acima, impaciente, aterrado, assim batia a inspiração do nosso músico, encerrada nele sem poder sair, sem achar uma porta, nada. Algumas notas chegaram a ligar-se; ele escreveu-as; obra de uma folha de papel, não mais. Teimou no dia seguinte, dez dias depois, vinte vezes durante o tempo de casado. Quando a mulher morreu, ele releu essas primeiras notas conjugais, e ficou ainda mais triste, por não ter podido fixar no papel a sensação de felicidade extinta.

— Pai José — disse ele ao entrar —, sinto-me hoje adoentado.

— Sinhô comeu alguma coisa que fez mal...

— Não; já de manhã não estava bom. Vai à botica...

O boticário mandou alguma coisa, que ele tomou à noite; no dia seguinte mestre Romão não se sentia melhor. É preciso dizer que ele padecia do coração — moléstia grave e crônica. Pai José ficou aterrado, quando viu que o incômodo não cedera ao remédio, nem ao repouso, e quis chamar o médico.

— Para quê? — disse o mestre. — Isto passa.

O dia não acabou pior; e a noite suportou-a ele bem, não assim o preto, que mal pôde dormir duas horas. A vizinhança, apenas soube do incômodo, não quis outro motivo de palestra; os que entretinham relações com o mestre foram visitá-lo. E diziam-lhe que não era nada, que eram macacoas do tempo; um acrescentava graciosamente que era manha, para fugir aos capotes que o boticário lhe dava no gamão, outro que eram amores. Mestre Romão sorria, mas consigo mesmo dizia que era o final.

"Está acabado", pensava ele.

Um dia de manhã, cinco depois da festa, o médico achou-o realmente mal; e foi isso o que ele lhe viu na fisionomia por trás das palavras enganadoras: — Isto não é nada; é preciso não pensar em músicas...

Em músicas! justamente esta palavra do médico deu ao mestre um pensamento. Logo que ficou só, com o escravo, abriu a gaveta onde guardava desde 1779 o canto esponsalício começado. Releu essas notas arrancadas a custo, e não concluídas. E então teve uma ideia singular: rematar a obra agora, fosse como fosse; qualquer coisa servia, uma vez que deixasse um pouco de alma na terra.

— Quem sabe? Em 1880, talvez se toque isto, e se conte que um mestre Romão.

O princípio do canto rematava em um certo *lá*; este *lá*, que lhe caía bem no lugar, era a nota derradeiramente escrita. Mestre Romão ordenou que lhe levassem o cravo para a sala do fundo, que dava para o quintal: era-lhe preciso ar. Pela janela viu na janela dos fundos de outra casa dois casadinhos de oito dias, debruçados, com os braços por cima dos ombros, e duas mãos presas. Mestre Romão sorriu com tristeza.

— Aqueles chegam — disse ele —, eu saio. — Comporei ao menos este canto que eles poderão tocar...

Sentou-se ao cravo; reproduziu as notas e chegou ao *lá*...

— *Lá, lá, lá.*

Nada, não passava adiante. E contudo, ele sabia música como gente.

— *Lá, dó... lá, mi... lá, si, dó, ré... ré... ré...*

Impossível! nenhuma inspiração. Não exigia uma peça profundamente original, mas enfim alguma coisa, que não fosse de outro e se ligasse ao pensamento começado. Voltava ao princípio, repetia as notas, buscava reaver um retalho da sensação extinta, lembrava-se da mulher, dos primeiros tempos. Para completar a ilusão, deitava os olhos pela janela para o lado dos casadinhos. Estes continuavam ali, com as mãos presas e os braços passados nos ombros um do outro; a diferença é que se miravam agora, em vez de olhar para baixo. Mestre Romão, ofegante da moléstia e de impaciência, tornava ao cravo; mas a vista do casal não lhe suprira a inspiração, e as notas seguintes não soavam.

— *Lá... lá... lá...*

Desesperado, deixou o cravo, pegou do papel escrito e rasgou-o. Nesse momento, a moça embebida no olhar do marido, começou a cantarolar à toa, inconscientemente, uma coisa nunca antes cantada nem sabida, na qual coisa um certo *lá* trazia após si uma linda frase musical, justamente a que mestre Romão procurara durante anos sem achar nunca. O mestre ouviu-a com tristeza, abanou a cabeça, e à noite expirou.

UM ESQUELETO

Publicado pela primeira vez entre outubro
e novembro de 1875 no *Jornal das Famílias.*

I

Eram dez ou doze rapazes. Falavam de artes, letras e
política. Alguma anedota vinha de quando em quando tem-
perar a seriedade da conversa. Deus me perdoe! parece que
até se fizeram alguns trocadilhos.

O mar batia perto na praia solitária... estilo de medi-
tação em prosa. Mas nenhum dos doze convivas fazia caso
do mar. Da noite também não, que era feia e ameaçava chuva. É provável que se a chuva caísse ninguém desse por
ela, tão entretidos estavam todos em discutir os diferentes
sistemas políticos, os méritos de um artista ou de um escritor, ou simplesmente em rir de uma pilhéria intercalada
a tempo.

Aconteceu no meio da noite que um dos convivas falou
na beleza da língua alemã. Outro conviva concordou com o
primeiro a respeito das vantagens dela, dizendo que a aprendera com o dr. Belém.

— Não conheceram o dr. Belém? — perguntou ele.

— Não — responderam todos.

— Era um homem extremamente singular. No tempo
em que me ensinou alemão usava uma grande casaca que lhe
chegava quase aos tornozelos e trazia na cabeça um chapéu
de Chile de abas extremamente largas.

— Devia ser pitoresco — observou um dos rapazes. — Tinha instrução?

—Variadíssima. Compusera um romance, e um livro de teologia e descobrira um planeta...

— Mas esse homem?

— Esse homem vivia em Minas. Veio à corte para imprimir os dois livros, mas não achou editor e preferiu rasgar os manuscritos. Quanto ao planeta comunicou a notícia à academia das ciências de Paris; lançou a carta no correio e esperou a resposta; a resposta não veio porque a carta foi parar em Goiás.

Um dos convivas sorriu maliciosamente para os outros, com ar de quem dizia que era muita desgraça junta. A atitude porém do narrador tirou-lhe o gosto do riso. Alberto (era o nome do narrador) tinha os olhos no chão, olhos melancólicos de quem se rememora com saudade uma felicidade extinta. Efetivamente suspirou depois de algum tempo de muda e vaga contemplação, e continuou:

— Desculpem-me este silêncio; não me posso lembrar daquele homem sem que uma lágrima teime em rebentar-me dos olhos. Era um excêntrico, talvez não fosse, não era decerto um homem completamente bom; mas era meu amigo; não direi o único mas o maior que jamais tive na minha vida.

Como era natural, estas palavras de Alberto alteraram a disposição de espírito do auditório. O narrador ainda esteve silencioso alguns minutos. De repente sacudiu a cabeça como se expelisse lembranças importunas do passado, e disse:

— Para lhes mostrar a excentricidade do dr. Belém basta contar-lhe a história do esqueleto.

A palavra *esqueleto* aguçou a curiosidade dos convivas; um romancista aplicou o ouvido para não perder nada da narração; todos esperaram ansiosamente o esqueleto do dr. Belém. Batia justamente meia-noite; a noite, como disse, era escura; o mar batia funebremente na praia. Estava-se em pleno Hoffmann.

Alberto começou a narração.

II

O dr. Belém era um homem alto e magro; tinha os cabelos grisalhos e caídos sobre os ombros; em repouso era reto como uma espingarda; quando andava curvava-se um pouco. Conquanto o seu olhar fosse muitas vezes meigo e bom, tinha lampejos sinistros, e às vezes, quando ele meditava, ficava com olhos como de defunto.

Representava ter sessenta anos, mas não tinha efetivamente mais de cinquenta. O estudo o abatera muito, e os desgostos também, segundo ele dizia, nas poucas vezes em que me falara do passado, e era eu a única pessoa com quem ele se comunicava a esse respeito. Podiam contar-se-lhe três ou quatro rugas pronunciadas na cara, cuja pele era fria como o mármore e branca como a de um morto.

Um dia, justamente no fim da minha lição, perguntei-lhe se nunca fora casado. O doutor sorriu sem olhar para mim. Não insisti na pergunta; arrependi-me até de lha ter feito.

— Fui casado — disse ele, depois de algum tempo —, e daqui a três meses posso dizer outra vez: sou casado.

— Vai casar?

— Vou.

— Com quem?

— Com a d. Marcelina.

D. Marcelina era uma viúva de Ouro Preto, senhora de vinte e seis anos, não formosa, mas assaz simpática, possuía alguma coisa, mas não tanto como o doutor, cujos bens orçavam por uns sessenta contos.

Não me constava até então que ele fosse casar; ninguém falara nem suspeitara tal coisa.

— Vou casar — continuou o doutor — unicamente porque o senhor me falou nisso. Até cinco minutos antes nenhuma intenção tinha de semelhante ato. Mas a sua pergunta faz-me lembrar que eu efetivamente preciso de uma companheira; lancei os olhos da memória a todas as noivas possíveis, e nenhuma me parece mais possível do que essa. Daqui a três meses assistirá ao nosso casamento. Promete?

— Prometo — respondi eu com um riso incrédulo.

— Não será uma formosura.

— Mas é muito simpática, decerto — acudi eu.

— Simpática, educada e viúva. Minha ideia é que todos os homens deviam casar com senhoras viúvas.

— Quem casaria então com as donzelas?

— Os que não fossem homens — respondeu o velho —, como o senhor e a maioria do gênero humano; mas os homens, as criaturas da minha têmpera, mas...

O doutor estacou, como se receasse entrar em maiores confidências, e tornou a falar da viúva Marcelina cujas boas qualidades louvou com entusiasmo.

— Não é tão bonita como a minha primeira esposa — disse ele. — Ah! essa... Nunca a viu?

— Nunca.

— É impossível.

— É a verdade. Já o conheci viúvo, creio eu.

— Bem; mas eu nunca lha mostrei? Ande vê-la...

Levantou-se; levantei-me também. Estávamos assentados à porta; ele levou-me a um gabinete interior. Confesso que ia ao mesmo tempo curioso e aterrado. Conquanto eu fosse amigo dele e tivesse provas de que ele era meu amigo, tanto medo inspirava ele ao povo, e era efetivamente tão singular, que eu não podia esquivar-me a um tal ou qual sentimento de medo.

No fundo do gabinete havia um móvel coberto com um pano verde; o doutor tirou o pano e eu dei um grito.

Era um armário de vidro, tendo dentro um esqueleto. Ainda hoje, apesar dos anos que lá vão, e da mudança que fez o meu espírito, não posso lembrar-me daquela cena sem terror.

— É minha mulher — disse o dr. Belém sorrindo. — É bonita, não lhe parece? Está na espinha, como vê. De tanta beleza, de tanta graça, de tanta maravilha que me encantaram outrora, que a tantos mais encantaram, que lhe resta hoje? Veja, meu jovem amigo; tal é última expressão do gênero humano.

Dizendo isto, o dr. Belém cobriu o armário com o pano e saímos do gabinete. Eu não sabia o que havia de dizer, tão impressionado me deixara aquele espetáculo.

Viemos outra vez para as nossas cadeiras ao pé da porta, e algum tempo estivemos sem dizer palavra um ao outro. O doutor olhava para o chão; eu olhava para ele. Tremiam-lhe os lábios, e a face de quando em quando se lhe contraía. Um escravo veio falar-lhe; o doutor saiu daquela espécie de letargo.

Quando ficámos sós parecia outro; falou-me risonho e jovial, com uma volubilidade que não estava nos seus usos.

— Ora bem, se eu for feliz no casamento — disse ele —, ao senhor o deverei. Foi o senhor quem me deu esta ideia! E fez bem, porque até já me sinto mais rapaz. Que lhe parece este noivo?

Dizendo isto, o dr. Belém levantou-se e fez uma pirueta, segurando nas abas da casaca, que nunca deixava salvo, quando se recolhia de noite.

— Parece-lhe capaz o noivo? — disse ele.

— Sem dúvida — respondi.

— Também ela há de pensar assim. Verá, meu amigo, que eu meterei tudo num chinelo, e mais de um invejará a minha sorte. É pouco; mais de uma invejará a sorte dela. Pudera, não? Não há muitos noivos como eu.

Eu não dizia nada, e o doutor continuou a falar assim durante vinte minutos. A tarde caíra de todo; e a ideia da noite e do esqueleto que ali estava a poucos passos de nós, e mais ainda as maneiras singulares que nesse dia, mais do que nos outros, mostrava o meu bom mestre, tudo isso me levou a despedir-me dele e a retirar-me para casa.

O doutor sorriu-se com o sorriso sinistro que às vezes tinha, mas não insistiu para que ficasse. Fui para casa aturdido e triste; aturdido com o que vira; triste com a responsabilidade que o doutor atirava sobre mim relativamente ao seu casamento.

Entretanto, refleti que a palavra do doutor podia não ter pronta nem remota realização. Talvez não se case nunca, nem até pense nisso. Que certeza teria ele de desposar a viúva Marcelina daí a três meses? Quem sabe até, pensei eu, se não disse aquilo para zombar comigo?

Esta ideia enterrou-se-me no espírito. No dia seguinte levantei-me convencido de que efetivamente o doutor quisera matar o tempo e juntamente aproveitar a ocasião de me mostrar o esqueleto da mulher.

"Naturalmente", disse eu comigo, "amou-a muito, e por esse motivo ainda a conserva. É claro que não se casará com outra; nem achará quem case com ele, tão aceita anda a superstição popular que o tem por lobisomem ou quando menos amigo íntimo do diabo... ele! o meu bom e compassivo mestre!"

Com estas ideias fui logo de manhã à casa do dr. Belém. Achei-o a almoçar sozinho, como sempre, servido por um escravo da mesma idade.

— Entre, Alberto — disse o doutor apenas me viu à porta. — Quer almoçar?

— Aceito.

— João, um prato.

Almoçamos alegremente; o doutor estava como me parecia na maior parte das vezes, conversando de coisas sérias ou frívolas, misturando uma reflexão filosófica com uma pilhéria, uma anedota de rapaz com uma citação de Virgílio.

No fim do almoço tornou a falar do seu casamento.

— Mas então pensa nisso deveras?... — perguntei eu.

— Por que não? Não depende senão dela; mas eu estou quase certo de que ela não recusa. Apresenta-me lá?

— Às suas ordens.

No dia seguinte era apresentado o dr. Belém em casa da viúva Marcelina e recebido com muita afabilidade.

"Casar-se-á deveras com ela?", dizia eu a mim mesmo espantado do que via, porque, além da diferença da idade entre ele e ela, e das maneiras excêntricas dele, havia um pretendente à mão da bela viúva, o tenente Soares.

Nem a viúva nem o tenente imaginavam as intenções do dr. Belém; daqui podem já imaginar o pasmo de d. Marcelina quando ao cabo de oito dias, perguntou-lhe o meu mestre, se ela queria casar com ele.

— Nem com o senhor nem com outro — disse a viúva —; fiz voto de não casar mais.

— Por quê? — perguntou friamente o doutor.

— Porque amava muito a meu marido.

— Não tolhe isso que ame o segundo — observou o candidato sorrindo. E depois de algum tempo de silêncio:

— Não insisto — disse ele — nem faço aqui uma cena dramática. Eu amo-a deveras, mas é um amor de filósofo, um amor como eu entendo que deviam ser todos. Entretanto deixe-me ter esperança; pedir-lhe-ei mais duas vezes a sua mão. Se da última nada alcançar consinta-me que fique sendo seu amigo.

III

O dr. Belém foi fiel a este programa. Dali a mês pediu outra vez a mão da viúva, e teve a mesma recusa, mas talvez menos peremptória do que a primeira. Deixou passar seis semanas, e repetiu o pedido.

— Aceitou? — disse eu apenas o vi vir da casa de d. Marcelina.

— Por que havia de recusar? Eu não lhe disse que me casava dentro de três meses?

— Mas então o senhor é um adivinho, um mágico?...

O doutor deu uma gargalhada, das que ele guardava para quando queria motejar de alguém ou de alguma coisa. Naquela ocasião o motejado era eu. Parece que não fiz boa cara porque o doutor imediatamente ficou sério e abraçou-me dizendo:

— Oh! meu amigo, não desconfie! Conhece-me de hoje?

A ternura com que ele me disse estas palavras tornava-o outro homem. Já não tinha os tons sinistros do olhar nem a fala *saccadée* (vá o termo francês, não me ocorre agora o nosso) que era a sua fala característica. Abracei-o também, e falamos do casamento e da noiva.

O doutor estava alegre; apertava-me muitas vezes as mãos agradecendo-me a ideia que lhe dera; fazia seus planos de futuro. Tinha ideias de vir à corte, logo depois do casamento; aventurou a ideia de seguir para a Europa; mas apenas parecia assentado nisto, já pensava em não sair de Minas, e morrer ali, dizia ele, entre as suas montanhas.

— Já vejo que está perfeitamente noivo — disse eu —; tem todos os traços característicos de um homem nas vésperas de casar.

— Parece-lhe?

— E é.

— De fato, gosto da noiva — disse ele com ar sério —; é possível que eu morra antes dela; mas o mais provável é que ela morra primeiro. Nesse caso, juro desde já que irá o seu esqueleto fazer companhia ao outro.

A ideia do esqueleto fez-me estremecer. O doutor, ao dizer estas palavras, cravara os olhos no chão, profundamente absorto. Daí em diante a conversa foi menos alegre do que a princípio. Saí de lá desagradavelmente impressionado.

O casamento dentro de pouco tempo foi realidade. Ninguém queria acreditar nos seus olhos. Todos admiraram a coragem (era a palavra que diziam) da viúva Marcelina, que não recuava àquele grande sacrifício.

Sacrifício não era. A moça parecia contente e feliz. Os parabéns que lhe davam eram irônicos, mas ela os recebia com muito gosto e seriedade. O tenente Soares não lhe deu os parabéns; estava furioso; escreveu-lhe um bilhete em que lhe dizia todas as coisas que em tais circunstâncias se podem dizer.

O casamento foi celebrado pouco depois do prazo que o dr. Belém marcara na conversa que tivera comigo e que eu já referi. Foi um verdadeiro acontecimento na capital de Minas. Durante oito dias não se falava senão no *caso impossível*; afinal, passou a novidade, como todas as coisas deste mundo, e ninguém mais tratou dos noivos.

Fui jantar com eles no fim de uma semana; d. Marcelina parecia mais que nunca feliz; o dr. Belém não o estava menos. Até parecia outro. A mulher começava a influir nele, sendo já uma das primeiras consequências a supressão da singular casaca. O doutor consentiu em vestir-se menos excentricamente.

— Veste-me como quiseres — dizia ele à mulher —; o que não poderás fazer nunca é mudar-me a alma. Isso nunca.

— Nem quero.

— Nem podes.

Parecia que os dois estavam destinados a gozar uma eterna felicidade. No fim de um mês fui lá, e achei-a triste.

"Oh!", disse eu comigo, "cedo começam os arrufos."

O doutor estava como sempre. Líamos então e comentávamos à nossa maneira o *Fausto*. Nesse dia pareceu-me o dr. Belém mais perspicaz e engenhoso que nunca. Notei, entretanto, uma singular pretensão: um desejo de se parecer com Mefistófeles.

Aqui confesso que não pude deixar de rir.

— Doutor — disse eu —, eu creio que o senhor abusa da amizade que lhe tenho para zombar comigo.

— Sim?

— Aproveita-se da opinião de excêntrico para me fazer crer que é o diabo...

Ouvindo esta última palavra, o doutor persignou-se todo, e foi a melhor afirmativa que me poderia fazer de que não ambicionava confundir-se com o personagem aludido. Sorriu-se depois benevolamente, tomou uma pitada, e disse:

— Ilude-se, meu amigo, quando me atribui semelhante ideia, do mesmo modo que se engana quando supõe que Mefistófeles é isso que diz.

— Essa agora!...

— Noutra ocasião lhe direi as minhas razões. Por agora vamos jantar.

— Obrigado. Devo ir jantar com meu cunhado. Mas, se me permite ficarei ainda algum tempo aqui lendo o seu *Fausto*.

O doutor não pôs objeção; eu era íntimo da casa. Saiu dali para a sala do jantar. Li ainda durante vinte minutos, findos os quais fechei o livro e fui despedir-me do dr. Belém e sua senhora.

Caminhei por um corredor fora que ia ter à sala do jantar. Ouvia mover os pratos, mas nenhuma palavra soltavam os dois casados.

"O arrufo continua", pensei eu.

Fui andando... Mas qual não foi a minha surpresa ao chegar à porta? O doutor estava de costas, não me podia ver. A mulher tinha os olhos no prato. Entre ele e ela, sentado numa cadeira vi o esqueleto. Estaquei aterrado e trêmulo. Que queria dizer aquilo? Perdia-me em conjecturas; cheguei a dar um passo para falar ao doutor, mas não me atrevi; voltei pelo mesmo caminho, peguei no chapéu, e deitei a correr pela rua fora.

Em casa de meu cunhado todos notaram os sinais de temor que eu ainda levava no rosto. Perguntaram-me se havia visto alguma alma do outro mundo. Respondi sorrindo que sim; mas nada contei do que acabava de presenciar.

Durante três dias não fui à casa do doutor. Era medo, não do esqueleto, mas do dono da casa, que se me afigurava ser um homem mau ou um homem doido. Todavia, ardia por saber a razão da presença do esqueleto na mesa do jantar. D. Marcelina podia dizer-me tudo; mas como indagaria isso dela, se o doutor estava quase sempre em casa?

No terceiro dia apareceu-me em casa o dr. Belém.

— Três dias! — disse ele —, há já três dias que eu não tenho a fortuna de o ver. Onde anda? Está mal conosco?

— Tenho andado doente — respondi eu, sem saber o que dizia.

— E não me mandou dizer nada, ingrato! Já não é meu amigo.

A doçura destas palavras dissipou os meus escrúpulos. Era singular como aquele homem, que por certos hábitos, maneiras e ideias, e até pela expressão física, assustava a muita gente e dava azo às fantasias da superstição popular, era singular, repito, como me falava às vezes com uma meiguice incomparável e um tom patriarcalmente benévolo.

Conversamos um pouco e fui obrigado a acompanhá-lo à casa. A mulher ainda me pareceu triste, mas um pouco menos que da outra vez. Ele tratava-a com muita ternura e consideração, e ela se não respondia alegre, ao menos falava com igual meiguice.

IV

No meio da conversa vieram dizer que o jantar estava na mesa.

— Agora há de jantar conosco — disse ele.

— Não posso — balbuciei eu —, devo ir...

— Não deve ir a nenhuma parte — atalhou o doutor —; parece-me que quer fugir de mim. Marcelina, pede ao dr. Alberto que jante conosco.

D. Marcelina repetiu o pedido do marido, mas com um ar de constrangimento visível. Ia recusar de novo, mas o doutor teve a precaução de me agarrar no braço e foi impossível recusar.

— Deixe-me ao menos dar o braço a sua senhora — disse eu.

— Pois não.

Dei o braço a d. Marcelina, que estremeceu. O doutor passou adiante. Eu inclinei a boca ao ouvido da pobre senhora e disse baixinho:

— Que mistério há?

D. Marcelina estremeceu outra vez e com um sinal impôs-me silêncio.

Chegamos à sala de jantar.

Apesar de já ter presenciado a cena do outro dia não pude resistir à impressão que me causou a vista do esqueleto que lá estava na cadeira em que o vira com os braços sobre a mesa.

Era horrível.

— Já lhe apresentei minha primeira mulher — disse o doutor para mim —; são conhecidos antigos.

Sentamo-nos à mesa; o esqueleto ficou entre ele e d.

Marcelina; eu fiquei ao lado desta. Até então não pude dizer palavra; era porém natural que exprimisse o meu espanto.

— Doutor — disse eu —, respeito os seus hábitos; mas não me dará a explicação deste?

— Este qual? — disse ele.

Com um gesto indiquei-lhe o esqueleto.

— Ah!... — respondeu o doutor —; um hábito natural; janto com minhas duas mulheres.

— Confesse ao menos que é um uso original.

— Queria que eu copiasse os outros?

— Não, mas a piedade com os mortos...

Atrevi-me a fatiar assim porque, além de me parecer aquilo uma profanação, a melancolia da mulher parecia pedir que alguém falasse duramente ao marido e procurasse trazê-lo a melhor caminho.

O doutor deu uma das suas singulares gargalhadas, e estendendo-me o prato de sopa, replicou:

— O senhor fala de uma piedade de convenção; eu sou pio à minha maneira. Não é respeitar uma criatura que amamos em vida, o trazê-la assim conosco, depois de morta?

Não respondi coisa nenhuma a estas palavras do doutor. Comi silenciosamente a sopa, e o mesmo fez a mulher, enquanto ele continuou a desenvolver as suas ideias a respeito dos mortos.

— O medo dos mortos — disse ele —, não é só uma fraqueza, é um insulto, uma perversidade do coração. Pela minha parte dou-me melhor com os defuntos do que com os vivos.

E depois de um silêncio:

— Confesse, confesse que está com medo.

Fiz-lhe um sinal negativo com a cabeça.

— É medo, é, como esta senhora que está ali transida de susto, por que ambos são dois maricas. Que há entretanto neste esqueleto que possa meter medo? Não lhes digo que seja bonito; não é bonito segundo a vida, mas é formosíssimo segundo a morte. Lembrem-se que isto somos nós também; nós temos de mais um pouco de carne.

— Só? — perguntei eu intencionalmente.

O doutor sorriu-se e respondeu:

— Só.

Parece que fiz um gesto de aborrecimento, porque ele continuou logo:

— Não tome ao pé da letra o que lhe disse. Eu também creio na alma; não creio só, demonstro-a, o que não é para todos. Mas a alma foi-se embora; não podemos retê-la; guardemos isto ao menos, que é uma parte da pessoa amada.

Ao terminar estas palavras, o doutor beijou respeitosamente a mão do esqueleto. Estremeci e olhei para d. Marcelina. Esta fechara os olhos. Eu estava ansioso por terminar aquela cena que realmente me repugnava presenciar. O doutor não parecia reparar em nada. Continuou a falar no mesmo assunto, e por mais esforços que eu fizesse para o desviar dele era impossível.

Estávamos à sobremesa quando o doutor, interrompendo um silêncio que durava já havia dez minutos perguntou:

— E segundo me parece, ainda lhe não contei a história deste esqueleto, quero dizer a história de minha mulher.

— Não me lembra — murmurei.

— E a ti? — disse ele voltando-se para a mulher.

— Já.

— Foi um crime — continuou ele.

— Um crime?

— Cometido por mim.

— Pelo senhor?

— É verdade.

O doutor concluiu um pedaço de queijo, bebeu o resto do vinho que tinha no copo, e repetiu:

— É verdade, um crime de que fui autor. Minha mulher era muito amada de seu marido; não admira, eu sou todo coração. Um dia porém, suspeitei que me houvesse traído; vieram dizer-me que um moço da vizinhança era seu amante. Algumas aparências me enganaram. Um dia declarei-lhe que sabia tudo, e que ia puni-la do que me havia feito. Luísa caiu-me aos pés banhada em lágrimas protestando pela sua inocência. Eu estava cego; matei-a.

Imagina-se, não se descreve a impressão de horror que estas palavras me causaram. Os cabelos ficaram-me em pé. Olhei para aquele homem, para o esqueleto, para a senhora, e passava a mão pela testa, para ver se efetivamente estava acordado, ou se aquilo era apenas um sonho.

O doutor tinha os olhos fitos no esqueleto e uma lágrima lhe caía lentamente pela face. Estivemos todos calados durante cerca de dez minutos.

O doutor rompeu o silêncio.

— Tempos depois, quando o crime estava de há muito cometido, sem que a justiça o soubesse, descobri que Luísa era inocente. A dor que então sofri foi indescritível; eu tinha sido o algoz de um anjo.

Estas palavras foram ditas com tal amargura que me comoveram profundamente. Era claro que ainda então, após longos anos do terrível acontecimento, o doutor sentia o remorso do que praticara e a mágoa de ter perdido a esposa.

A própria Marcelina parecia comovida. Mas a comoção dela era também medo; segundo vim a saber depois, ela receava que no marido não estivessem íntegras as faculdades mentais.

Era um engano.

O doutor era, sim, um homem singular e excêntrico; doido lhe chamavam os que, por se pretenderem mais expertos que o vulgo, repeliam os contos da superstição.

Estivemos calados algum tempo e dessa vez foi ainda ele que interrompeu o silêncio.

— Não lhes direi como obtive o esqueleto de minha mulher. Aqui o tenho e o conservarei até a minha morte. Agora naturalmente deseja saber por que motivo o trago para a mesa depois que me casei?

Não respondi com os lábios, mas os meus olhos disseram-lhe que efetivamente desejava saber a explicação daquele mistério.

— É simples — continuou ele —; é para que minha segunda mulher esteja sempre ao pé da minha vítima, a fim de que se não esqueça nunca dos seus deveres, porque, então como sempre, é mui provável que eu não procure apurar a verdade; farei justiça por minhas mãos.

Esta última revelação do doutor pôs termo à minha paciência. Não sei o que lhe disse, mas lembra-me que ele ouviu-me com o sorriso benévolo que tinha às vezes, e respondeu-me com esta simples palavra:

— Criança!

Saí pouco depois do jantar, resolvido a lá não voltar nunca.

V

A promessa não foi cumprida.

Mais de uma vez o dr. Belém mandou à casa chamar-me; não fui. Veio duas ou três vezes instar comigo que lá fosse jantar com ele.

— Ou, pelo menos, conversar — concluiu.

Pretextei alguma coisa e não fui.

Um dia porém, recebi um bilhete da mulher. Dizia-me que era eu a única pessoa estranha que lá ia; pedia-me que não a abandonasse.

Fui.

Eram então passados quinze dias depois do célebre jantar em que o doutor me referiu a história do esqueleto. A situação entre os dois era a mesma; aparente afabilidade da parte dela, mas na realidade medo. O doutor mostrava-se afável e terno, como sempre o vira com ela.

Justamente nesse dia, anunciou-me ele que pretendia ir a uma jornada dali a algumas léguas.

— Mas vou só — disse ele —, e desejo que o senhor me faça companhia a minha mulher vindo aqui algumas vezes.

Recusei.

— Por quê?

— Doutor, por que razão, sem urgente necessidade, daremos pasto às más línguas? Que se dirá...

— Tem razão — atalhou ele —; ao menos, faça-me uma coisa.

— O quê?

— Faça com que em casa de sua irmã possa Marcelina ir passar as poucas semanas de minha ausência.

— Isso com muito gosto.

Minha irmã concordou em receber a mulher do dr. Belém, que daí a pouco saía da capital para o interior. Sua despedida foi terna e amigável para com ambos nós, a mulher e eu; fomos os dois, e mais minha irmã e meu cunhado acompanhá-lo até certa distância, e voltamos para casa.

Pude então conversar com d. Marcelina, que me comunicou os seus receios a respeito da razão do marido. Dissuadi-a disso; já disse qual era a minha opinião a respeito do dr. Belém.

Ela referiu-me então que a narração da morte da mulher já ele lha havia feito, prometendo-lhe igual sorte no caso de faltar aos seus deveres.

— Nem as aparências te salvarão — acrescentou ele.

Disse-me mais que era seu costume beijar repetidas vezes o esqueleto da primeira mulher e dirigir-lhe muitas palavras de ternura e amor. Uma noite, estando a sonhar com ela, levantou-se da cama e foi abraçar o esqueleto pedindo-lhe perdão.

Em nossa casa todos eram de opinião que d. Marcelina não voltasse mais para a companhia do dr. Belém. Eu era de opinião oposta.

— Ele é bom — dizia eu —, apesar de tudo; tem extravagâncias, mas é um bom coração.

No fim de um mês recebemos uma carta do doutor, em que dizia à mulher fosse ter ao lugar onde ele se achava, e que eu fizesse o favor de a acompanhar.

Recusei ir só com ela.

Minha irmã e meu cunhado ofereceram-se porém para acompanhá-la.

Fomos todos.

Havia entretanto uma recomendação na carta do doutor, recomendação essencial; ordenava ele à mulher que levasse consigo o esqueleto.

— Que esquisitice nova é essa? — disse meu cunhado.

— Há de ver — suspirou melancolicamente d. Marcelina — que o único motivo desta minha viagem são as saudades que ele tem do esqueleto.

Eu nada disse, mas pensei que assim fosse.

Saímos todos em demanda do lugar onde nos esperava o doutor.

Íamos já perto, quando ele nos apareceu e veio alegremente cumprimentar-nos. Notei que não tinha a ternura de costume com a mulher, antes me pareceu frio. Mas isso foi obra de pouco tempo; daí a uma hora voltara a ser o que sempre fora.

Passamos dois dias na pequena vila em que o doutor estava, dizia ele, para examinar umas plantas, porque também era botânico. Ao fim de dois dias dispúnhamos a voltar para a capital; ele porém pediu que nos demorássemos ainda vinte e quatro horas e voltaríamos todos juntos.

Acedemos.

No dia seguinte de manhã convidou a mulher a ir ver umas lindas parasitas no mato que ficava perto. A mulher estremeceu, mas não ousou recusar.

—Vem também? — disse ele.

—Vou — respondi.

A mulher cobrou alma nova e deitou-me um olhar de agradecimento. O doutor sorriu à socapa. Não compreendi logo o motivo do riso; mas daí a pouco tempo tinha a explicação.

Fomos ver as parasitas, ele adiante com a mulher, eu atrás de ambos, e todos três silenciosos.

Não tardou que um riacho aparecesse aos nossos olhos; mas eu mal pude ver o riacho; o que eu vi, o que me fez recuar um passo, foi um esqueleto.

Dei um grito.

— Um esqueleto! — exclamou d. Marcelina.

— Descansem — disse o doutor —, é o de minha primeira mulher.

— Mas...

— Trouxe-o esta madrugada para aqui.

Nenhum de nós compreendia nada.

O doutor sentou-se numa pedra.

— Alberto — disse ele —, e tu, Marcelina. Outro crime devia ser cometido nesta ocasião; mas tanto te amo, Alberto, tanto te amei, Marcelina, que eu prefiro deixar de cumprir a minha promessa...

Ia interrompê-lo; mas ele não me deu ocasião.

— Vocês amam-se — disse ele.

Marcelina deu um grito; eu ia protestar.

— Amam-se que eu sei — continuou friamente o doutor —; não importa! É natural. Quem amaria um velho estúrdio como eu? Paciência. Amem-se; eu só fui amado uma vez; foi por esta.

Dizendo isto abraçou-se ao esqueleto.

— Doutor, pense no que está dizendo...

— Já pensei...

— Mas esta senhora é inocente. Não vê aquelas lágrimas?

— Conheço essas lágrimas; lágrimas não são argumentos. Amam-se, que eu sei; desejo que sejam felizes, porque eu fui e sou teu amigo Alberto. Não merecia certamente isso...

— Oh! meu amigo — interrompi eu —, veja bem o que está dizendo; já uma vez foi levado a cometer um crime por suspeitas que depois soube serem infundadas. Ainda hoje padece o remorso do que então fez. Reflita; veja bem se eu posso tolerar semelhante calúnia.

Ele encolheu os ombros, meteu a mão no bolso, e tirou um papel e deu-mo a ler. Era uma carta anônima; soube depois que fora escrita pelo Soares.

— Isto é indigno! — clamei.

— Talvez — murmurou ele.

E depois de um silêncio:

— Em todo o caso, minha resolução está assentada — disse o doutor. — Quero fazê-los felizes, e só tenho um meio: é deixá-los. Vou com a mulher que sempre me amou. Adeus!

O doutor abraçou o esqueleto e afastou-se de nós. Corri

atrás dele; gritei; tudo foi inútil; ele metera-se no mato rapidamente, e demais a mulher ficara desmaiada no chão.

Vim socorrê-la; chamei gente. Daí a uma hora, a pobre
moça, viúva sem o ser, lavava-se em lágrimas de aflição.

VI

Alberto acabara a história.

— Mas é um doido esse teu dr. Belém! — exclamou um
dos convivas rompendo o silêncio de terror em que ficara o
auditório.

— Ele doido? — disse Alberto. — Um doido seria efetivamente se porventura esse homem tivesse existido. Mas
o dr. Belém não existiu nunca, eu quis apenas fazer apetite
para tomar chá. Mandem vir o chá.

É inútil dizer o efeito desta declaração.

O RELÓGIO DE OURO

Publi ado pela primeira vez entre abril e maio de 1873
no *Jornal das Famílias*; incluído em 1873 no livro *Histórias da meia-noite*.

Agora contarei a história do relógio de ouro. Era um grande cronômetro, inteiramente novo, preso a uma elegante cadeia. Luís Negreiros tinha muita razão em ficar boquiaberto quando viu o relógio em casa, um relógio que não era dele, nem podia ser de sua mulher. Seria ilusão dos seus olhos? Não era; o relógio ali estava sobre uma mesa da alcova, a olhar para ele, talvez tão espantado, como ele, do lugar e da situação.

Clarinha não estava na alcova quando Luís Negreiros ali entrou. Deixou-se ficar na sala, a folhear um romance, sem corresponder muito nem pouco ao ósculo com que o marido a cumprimentou logo à entrada. Era uma bonita moça esta Clarinha, ainda que um tanto pálida, ou por isso mesmo. Era pequena e delgada; de longe parecia uma criança; de perto, quem lhe examinasse os olhos, veria bem que era mulher como poucas. Estava molemente reclinada no sofá, com o livro aberto, e os olhos no livro, os olhos apenas, porque o pensamento, não tenho certeza se estava no livro, se em outra parte. Em todo o caso parecia alheia ao marido e ao relógio.

Luís Negreiros lançou mão do relógio com uma expressão que eu não me atrevo a descrever. Nem o relógio, nem a corrente eram dele; também não eram de pessoas suas conhecidas. Tratava-se de uma charada. Luís Negreiros gostava de charadas, e passava por ser decifrador intrépido; mas gostava de charadas nas folhinhas ou nos jornais. Charadas palpáveis ou cronométricas, e sobretudo sem conceito, não as apreciava Luís Negreiros.

Por este motivo, e outros que são óbvios, compreenderá o leitor que o esposo de Clarinha se atirasse sobre uma cadeira, puxasse raivosamente os cabelos, batesse com o pé no chão, e lançasse o relógio e a corrente para cima da mesa. Terminada esta primeira manifestação de furor, Luís Negreiros pegou de novo nos fatais objetos, e de novo os examinou. Ficou na mesma. Cruzou os braços durante algum tempo e refletiu sobre o caso, interrogou todas as suas recordações, e concluiu no fim de tudo que, sem uma explicação de Clarinha qualquer procedimento fora baldado ou precipitado.

Foi ter com ela.

Clarinha acabava justamente de ler uma página e voltava a folha com o ar indiferente e tranquilo de quem não pensa em decifrar charadas de cronômetro. Luís Negreiros encarou-a; seus olhos pareciam dois reluzentes punhais.

— Que tens? — perguntou a moça com a voz doce e meiga que toda a gente concordava em lhe achar.

Luís Negreiros não respondeu à interrogação da mulher; olhou algum tempo para ela; depois deu duas voltas na sala, passando a mão pelos cabelos, por modo que a moça de novo lhe perguntou:

— Que tens?

Luís Negreiros parou defronte dela.

— Que é isto? — disse ele tirando do bolso o fatal relógio e apresentando-lho diante dos olhos. — Que é isto? — repetiu ele com voz de trovão.

Clarinha mordeu os beiços e não respondeu. Luís Negreiros esteve algum tempo com o relógio na mão e os olhos na mulher, a qual tinha os seus olhos no livro. O silêncio era profundo. Luís Negreiros foi o primeiro que o rompeu, atirando estrepitosamente o relógio ao chão, e dizendo em seguida à esposa:

— Vamos, de quem é aquele relógio?

Clarinha ergueu lentamente os olhos para ele, abaixou-os depois, e murmurou:

— Não sei.

Luís Negreiros fez um gesto como de quem queria esganá-la; conteve-se. A mulher levantou-se, apanhou o relógio e pô-lo sobre uma mesa pequena. Não se pôde conter Luís Negreiros. Caminhou para ela, e, segurando-lhe nos pulsos com força, lhe disse:

— Não me responderás, demônio? Não me explicarás esse enigma?

Clarinha fez um gesto de dor, e Luís Negreiros imediatamente lhe soltou os pulsos que estavam arrochados. Noutras circunstâncias é provável que Luís Negreiros lhe caísse aos pés e pedisse perdão de a haver machucado. Naquela nem se lembrou disso; deixou-a no meio da sala e entrou a passear de novo, sempre agitado, parando de quando em quando, como se meditasse algum desfecho trágico.

Clarinha saiu da sala.

Pouco depois veio um escravo dizer que o jantar estava na mesa.

— Onde está a senhora?

— Não sei, não senhor.

Luís Negreiros foi procurar a mulher; achou-a numa saleta de costura, sentada numa cadeira baixa, com a cabeça nas mãos a soluçar. Ao ruído que ele fez na ocasião de fechar a porta atrás de si, Clarinha levantou a cabeça, e Luís Negreiros pôde ver-lhe as faces úmidas de lágrimas. Esta situação foi ainda pior para ele que a da sala. Luís Negreiros não podia ver chorar uma mulher, sobretudo a dele. Ia enxugar-lhe as lágrimas com um beijo, mas reprimiu o gesto, e caminhou frio para ela; puxou uma cadeira e sentou-se em frente de Clarinha.

— Estou tranquilo, como vês — disse ele —, responde-me ao que te perguntei com a franqueza que sempre usaste comigo. Eu não te acuso nem suspeito nada de ti. Quisera simplesmente saber como foi parar ali aquele relógio. Foi teu pai que o esqueceu cá?

— Não.

— Mas então...

— Oh! não me perguntes nada! — exclamou Clarinha —; ignoro como esse relógio se acha ali... Não sei de quem é... deixa-me.

— É demais! — urrou Luís Negreiros, levantando-se e atirando a cadeira ao chão.

Clarinha estremeceu, e deixou-se ficar onde estava. A situação tornava-se cada vez mais grave; Luís Negreiros passeava cada vez mais agitado, revolvendo os olhos nas órbitas, e parecendo prestes a atirar-se sobre a infeliz esposa. Esta, com os cotovelos no regaço e a cabeça nas mãos, tinha os olhos encravados na parede. Correu assim cerca de um quarto de hora. Luís Negreiros ia de novo interrogar a esposa, quando ouviu a voz do sogro, que subia as escadas gritando:

— Ó seu Luís! ó seu malandrim!

— Aí vem teu pai! — disse Luís Negreiros —; logo me pagarás.

Saiu da sala de costura e foi receber o sogro, que já estava no meio da sala, fazendo viravoltas com o chapéu de sol, com grande risco das jarras e do candelabro.

— Vocês estavam dormindo? — perguntou o sr. Meireles tirando o chapéu e limpando a testa com um grande lenço encarnado.

— Não, senhor, estávamos conversando...

— Conversando?... — repetiu Meireles.

E acrescentou consigo:

— Estavam de arrufos... é o que há de ser.

— Vamos justamente jantar — disse Luís Negreiros. — Janta conosco?

— Não vim cá para outra coisa — acudiu Meireles —; janto hoje e amanhã também. Não me convidaste, mas é o mesmo.

— Não o convidei?...

— Sim, não fazes anos amanhã?

— Ah! é verdade...

Não havia razão aparente para que, depois destas palavras ditas com um tom lúgubre, Luís Negreiros repetisse, mas desta vez com um tom descomunalmente alegre:

— Ah! é verdade!...

Meireles, que já ia pôr o chapéu num cabide do corredor, voltou-se espantado para o genro, em cujo rosto leu a mais franca, súbita e inexplicável alegria.

— Está maluco! — disse baixinho Meireles.

— Vamos jantar — bradou o genro, indo logo para dentro, enquanto Meireles seguindo pelo corredor ia ter à sala de jantar.

Luís Negreiros foi ter com a mulher na sala de costura, e achou-a de pé, compondo os cabelos diante de um espelho:

— Obrigado — disse.

A moça olhou para ele admirada.

— Obrigado — repetiu Luís Negreiros —; obrigado e perdoa-me.

Dizendo isto, procurou Luís Negreiros abraçá-la; mas a moça, com um gesto nobre, repeliu o afago do marido e foi para a sala de jantar.

— Tem razão! — murmurou Luís Negreiros.

Daí a pouco achavam-se todos três à mesa do jantar, e foi servida a sopa, que Meireles achou, como era natural, de gelo. Ia já fazer um discurso a respeito da incúria dos criados, quando Luís Negreiros confessou que toda a culpa era dele, porque o jantar estava há muito na mesa. A declaração apenas mudou o assunto do discurso, que versou então sobre a terrível coisa que era um jantar requentado — *qui ne valut jamais rien.*

Meireles era um homem alegre, pilhérico, talvez frívolo demais para a idade, mas em todo o caso interessante pessoa. Luís Negreiros gostava muito dele, e via correspondida essa afeição de parente e de amigo, tanto mais sincera quanto que Meireles só tarde e de má vontade lhe dera a filha. Durou o namoro cerca de quatro anos, gastando o pai de Clarinha mais de dois em meditar e resolver o assunto do casamento. Afinal deu a sua decisão, levado antes das lágrimas da filha que dos predicados do genro, dizia ele.

A causa da longa hesitação eram os costumes pouco austeros de Luís Negreiros, não os que ele tinha durante o namoro, mas os que tivera antes e os que poderia vir a ter depois. Meireles confessava ingenuamente que fora marido pouco exemplar, e achava que por isso mesmo devia dar à filha melhor esposo do que ele. Luís Negreiros desmentiu as apreensões do sogro; o leão impetuoso dos outros dias tornou-se um pacato cordeiro. A amizade nasceu franca entre o sogro e o genro, e Clarinha passou a ser uma das mais invejadas moças da cidade.

E era tanto maior o mérito de Luís Negreiros quanto que não lhe faltavam tentações. O diabo metia-se às vezes na pele de um amigo e ia convidá-lo a uma recordação dos antigos tempos. Mas Luís Negreiros dizia que se recolhera a bom porto e não queria arriscar-se outra vez às tormentas do alto-mar.

Clarinha amava ternamente o marido, e era a mais dócil e afável criatura que por aqueles tempos respirava o ar fluminense. Nunca entre ambos se dera o menor arrufo; a limpidez do céu conjugal era sempre a mesma e parecia vir a ser duradoura. Que mau destino lhe soprou ali a primeira nuvem?

Durante o jantar Clarinha não disse palavra — ou poucas dissera, ainda assim as mais breves e em tom seco.

"Estão de arrufo, não há dúvida", pensou Meireles ao ver a pertinaz mudez da filha. "Ou a arrufada é só ela, porque ele parece-me lépido."

Luís Negreiros efetivamente desfazia-se todo em agrados, mimos e cortesias com a mulher, que nem sequer olhava em cheio para ele. O marido já dava o sogro a todos os diabos, desejoso de ficar a sós com a esposa, para a explicação última, que reconciliaria os ânimos. Clarinha não parecia desejá-lo; comeu pouco e duas ou três vezes soltou-se-lhe do peito um suspiro.

Já se vê que o jantar, por maiores que fossem os esforços, não podia ser como nos outros dias. Meireles sobretudo achava-se acanhado. Não era que receasse algum grande acontecimento em casa; sua ideia é que sem arrufos não se aprecia a felicidade, como sem tempestade não se aprecia o bom tempo. Contudo, a tristeza da filha sempre lhe punha água na fervura.

Quando veio o café, Meireles propôs que fossem todos três ao teatro; Luís Negreiros aceitou a ideia com entusiasmo. Clarinha recusou secamente.

— Não te entendo hoje, Clarinha — disse o pai com um modo impaciente. — Teu marido está alegre e tu pareces-me abatida e preocupada. Que tens?

Clarinha não respondeu; Luís Negreiros, sem saber o que havia de dizer, tomou a resolução de fazer bolinhas de miolo de pão. Meireles levantou os ombros.

— Vocês lá se entendem — disse ele. — Se amanhã, apesar de ser o dia que é, vocês estiverem do mesmo modo, prometo-lhes que nem a sombra me verão.

— Oh! há de vir — ia dizendo Luís Negreiros, mas foi interrompido pela mulher que desatou a chorar.

O jantar acabou assim triste e aborrecido. Meireles pediu ao genro que lhe explicasse o que aquilo era, e este prometeu que lhe diria tudo em ocasião oportuna.

Pouco depois saía o pai de Clarinha protestando de novo que, se no dia seguinte os achasse do mesmo modo, nunca mais voltaria à casa deles, e que se havia coisa pior que um jantar frio ou requentado, era um jantar mal digerido. Este axioma valia o de Boileau, mas ninguém lhe prestou atenção.

Clarinha fora para o quarto; o marido, apenas se despediu do sogro, foi ter com ela. Achou-a sentada na cama, com a cabeça sobre uma almofada, e soluçando. Luís Negreiros ajoelhou-se diante dela e pegou-lhe numa das mãos.

— Clarinha — disse ele —, perdoa-me tudo. Já tenho a explicação do relógio; se teu pai não me fala em vir jantar amanhã, eu não era capaz de adivinhar que o relógio era um presente de anos que tu me fazias.

Não me atrevo a descrever o soberbo gesto de indignação com que a moça se pôs de pé quando ouviu estas palavras do marido. Luís Negreiros olhou para ela sem compreender nada. A moça não disse uma nem duas; saiu do quarto e deixou o infeliz consorte mais admirado que nunca.

— Mas que enigma é este? — perguntava a si mesmo Luís Negreiros. — Se não era um mimo de anos, que explicação pode ter o tal relógio?

A situação era a mesma que antes do jantar. Luís Negreiros assentou de descobrir tudo naquela noite. Achou, entretanto, que era conveniente refletir maduramente no caso e assentar numa resolução que fosse decisiva. Com este propósito recolheu-se ao seu gabinete, e ali recordou tudo o que se havia passado desde que chegara à casa. Pesou friamente todas as razões, todos os incidentes, e buscou reproduzir na memória a expressão do rosto da moça, em toda aquela tarde. O gesto de indignação e a repulsa quando ele a foi abraçar na sala de costura eram a favor dela; mas o movimento com que mordera os lábios no momento em que ele lhe apresentou o relógio, as lágrimas que lhe rebentaram à mesa, e mais que tudo o silêncio que ela conservava a respeito da procedência do fatal objeto, tudo isso falava contra a moça.

Luís Negreiros, depois de muito cogitar, inclinou-se à mais triste e deplorável das hipóteses. Uma ideia má começou a enterrar-se-lhe no espírito, à maneira de verruma, e tão fundo penetrou, que se apoderou dele em poucos instantes. Luís Negreiros era homem assomado quando a ocasião o pedia. Proferiu duas ou três ameaças, saiu do gabinete e foi ter com a mulher.

Clarinha recolhera-se de novo ao quarto. A porta estava apenas cerrada. Eram nove horas da noite. Uma pequena lamparina alumiava escassamente o aposento. A moça estava outra vez assentada na cama, mas já não chorava; tinha os olhos fitos no chão. Nem os levantou quando sentiu entrar o marido.

Houve um momento de silêncio.

Luís Negreiros foi o primeiro que falou.

— Clarinha — disse ele —, este momento é solene. Responde-me ao que te pergunto desde esta tarde?

A moça não respondeu.

— Reflete bem, Clarinha — continuou o marido. — Podes arriscar a tua vida.

A moça levantou os ombros.

Uma nuvem passou pelos olhos de Luís Negreiros. O infeliz marido lançou as mãos ao colo da esposa e rugiu:

— Responde, demônio, ou morres!

Clarinha soltou um grito.

— Espera! — disse ela.

Luís Negreiros recuou.

— Mata-me — disse ela —, mas lê isto primeiro. Quando esta carta foi ao teu escritório já te não achou lá: foi o que o portador me disse.

Luís Negreiros recebeu a carta, chegou-se à lamparina e leu estupefato estas linhas:

"Meu nhonhô. Sei que amanhã fazes anos; mando-te esta lembrança. Tua Iaiá."

Assim acabou a história do relógio de ouro.

MARIANA

Publicado pela primeira vez em janeiro
de 1871 no *Jornal das Famílias*.

Voltei de Europa depois de uma ausência de quinze anos. Era quanto bastava para vir achar muita coisa mudada. Alguns amigos tinham morrido, outros estavam casados, outros viúvos. Quatro ou cinco tinham-se feito homens públicos, e um deles acabava de ser ministro de Estado. Sobre todos eles pesavam quinze anos de desilusões e cansaço. Eu, entretanto, vinha tão moço como fora, não no rosto e nos cabelos, que começavam a embranquecer, mas na alma e no coração que estavam em flor. Foi essa a vantagem que tirei das minhas constantes viagens. Não há decepções possíveis para um viajante, que apenas vê de passagem o lado belo da natureza humana e não ganha tempo de conhecer-lhe o lado feio. Mas deixemos estas filosofias inúteis.

Também achei mudado o nosso Rio de Janeiro, e mudado para melhor. O jardim do Rocio, o bulevar Barceller, cinco ou seis hotéis novos, novos prédios, grande movimento comercial e popular, tudo isso fez em meu espírito uma agradável impressão.

Fui hospedar-me no hotel Damiani. Chamo-lhe assim para conservar um nome que tem para mim recordações saudosas. Agora o hotel chama-se Ravot. Tem defronte uma grande casa de modas e um escritório de jornal político. Dizem-me que a casa de modas faz mais negócio que o jornal. Não admira; poucos leem, mas todos se vestem.

Estava eu justamente a contemplar o espetáculo novo que a rua me oferecia quando vi passar um indivíduo cuja fisionomia me não era estranha. Desci logo à rua e cheguei à porta quando ele passava defronte.

— Coutinho! — exclamei.

— Macedo! — disse o interpelado correndo a mim.

Entramos no corredor e aí demos aberta às nossas primeiras expansões.

— Que milagre é este? Por que estás aqui? Quando chegaste?

Estas e outras perguntas fazia-me o meu amigo entre repetidos abraços. Convidei-o a subir e a almoçar comigo, o que aceitou, com a condição porém de que iria buscar mais dois amigos nossos, que eu estimaria ver. Eram efetivamente dois excelentes companheiros de outro tempo. Um deles estava à frente de uma grande casa comercial; o outro, depois de algumas vicissitudes, fizera-se escrivão de uma vara cível.

Reunidos os quatro na minha sala do hotel, foi servido um suculento almoço, em que aliás eu e o Coutinho tomamos parte. Os outros limitavam-se a fazer a razão de alguns brindes e a propor outros.

Quiseram que eu lhes contasse as minhas viagens; cedi francamente a este desejo natural. Não lhes ocultei nada. Contei-lhes o que havia visto desde o Tejo até o Danúbio, desde Paris até Jerusalém. Fi-los assistir na imaginação às corridas de Chantilly e às jornadas das caravanas no deserto; falei do céu nevoento de Londres e do céu azul da Itália. Nada me escapou; tudo lhes referi.

Cada qual fez as suas confissões. O negociante não hesitou em dizer tudo quanto sofrera antes de alcançar a posição atual! Deu-me notícia de que estava casado, e tinha uma filha de dez anos no colégio. O escrivão achou-se um tanto envergonhado quando lhe tocou a vez de dizer a sua vida; todos nós tivemos a delicadeza de não insistir nesse ponto.

Coutinho não hesitou em dizer que era mais ou menos o que era outrora a respeito da ociosidade; sentia-se entretanto mudado e entrevia ao longe ideias de casamento.

— Não te casaste? — perguntei eu.

— Com a prima Amélia? — disse ele —; não.

— Por quê?

— Porque não foi possível.

— Mas continuaste a vida solta que levavas?

— Que pergunta! — exclamou o negociante. É a mesma coisa que era há quinze anos. Não mudou nada.

— Não digas isso; mudei.

— Para pior? — perguntei eu rindo.

— Não — disse Coutinho —, não sou pior do que era; mudei nos sentimentos; acho que hoje não me vale a pena cuidar de ser mais feliz do que sou.

— E podias sê-lo, se te houvesses casado com tua prima. Amava-te muito aquela moça, ainda me lembro das lágrimas que lhe vi derramar em um dia de entrudo. Lembras-te?

— Não me lembra — disse Coutinho ficando mais sério do que estava —; mas creio que deve ter sido isso.

— E o que é feito dela?

— Casou.

— Ah!

— É hoje fazendeira; e dá-se perfeitamente com o marido. Mas não falemos nisto — acrescentou Coutinho, enchendo um cálice de conhaque —; o que lá vai, lá vai!

Houve alguns instantes de silêncio, que eu não quis interromper, por me parecer que o nome da moça trouxera ao rapaz alguma recordação dolorosa.

Rapaz é uma maneira de dizer. Coutinho contava já seus trinta e nove anos e tinha alguns fios brancos na cabeça e na barba. Mas apesar desse evidente sinal do tempo, eu aprazia-me em ver os meus amigos pelo prisma da recordação que levara deles.

Coutinho foi o primeiro que rompeu o silêncio.

— Pois que estamos aqui reunidos — disse ele —, ao cabo de quinze anos, deixem que, sem exemplo, e para completar as nossas confidências recíprocas, eu lhes confesse uma coisa, que nunca saiu de mim.

— Bravo! — disse eu —; ouçamos a confidência de Coutinho.

Acendemos nossos charutos. Coutinho começou a falar:

— Eu namorava a prima Amélia, como sabem; o nosso casamento devia efetuar-se um ano depois que daqui saíste. Não se efetuou por circunstâncias que ocorreram depois, e com grande mágoa minha, pois gostava dela. Antes e depois amei e fui amado muitas vezes; mas nem depois nem antes, e por nenhuma mulher fui amado jamais como fui...

— Por tua prima? — perguntei eu.

— Não; por uma cria de casa.

Olhamos todos espantados um para outro. Ignorávamos esta circunstância, e estávamos a cem léguas de semelhante conclusão. Coutinho não parece atender ao nosso espanto; sacudia distraidamente a cinza do charuto e parecia absorto na recordação que o seu espírito evocava.

— Chamava-se Mariana — continuou ele alguns minutos depois —, e era uma gentil mulatinha nascida e criada como filha da casa, e recebendo de minha mãe os mesmos afagos que ela dispensava às outras filhas. Não se sentava à mesa, nem vinha à sala em ocasião de visitas, eis a diferença; no mais era como se fosse pessoa livre, e até minhas irmãs tinham certa afeição fraternal. Mariana possuía a inteligência da sua situação, e não abusava dos cuidados com que era tratada. Compreendia bem que na situação em que se achava, só lhe restava pagar com muito reconhecimento a bondade de sua senhora.

"A sua educação não fora tão completa como a de minhas irmãs; contudo, Mariana sabia mais do que outras mulheres em igual caso. Além dos trabalhos de agulha que lhe foram ensinados com extremo zelo, aprendera a ler e a escrever. Quando chegou aos quinze anos teve desejo de saber francês, e minha irmã mais moça lho ensinou com tanta paciência e felicidade, que Mariana em pouco tempo ficou sabendo tanto como ela.

Como tinha inteligência natural, todas estas coisas lhe foram fáceis. O desenvolvimento do seu espírito não prejudicava o desenvolvimento de seus encantos. Mariana aos dezoito anos era o tipo mais completo da sua raça. Sentia-se-lhe o fogo através da tez morena do rosto, fogo inquieto e vivaz que lhe rompia dos olhos negros e rasgados. Tinha os cabelos naturalmente encaracolados e curtos. Talhe esbelto e elegante, colo voluptuoso, pé pequeno e mãos de senhora. É impossível que eu esteja a idealizar esta criatura que há tanto me desapareceu dos olhos; mas não estarei muito longe da verdade.

Mariana era apreciada por todos quantos iam a nossa casa, homens e senhoras. Meu tio, João Luís, dizia-me muitas vezes: — Por que diabo está tua mãe guardando aqui em casa esta flor peregrina? A rapariga precisa de tomar ar.

Posso dizer, agora que já passou muito tempo, esta preocupação do tio nunca me passou pela cabeça; acostumado a ver Mariana bem tratada parecia-me ver nela uma pessoa de família, e além disso, ser-me-ia doloroso contribuir para causar tristeza à minha mãe.

Amélia ia lá a casa algumas vezes; mas era ao princípio, e antes que nenhum namoro houvesse entre nós. Cuido, porém, que foi Mariana quem chamou a atenção da moça para mim. Amélia deu-mo a entender um dia. O certo é que uma tarde, depois de jantar, estávamos a tomar café no terraço, e eu reparei na beleza de Amélia com uma atenção mais demorada que de costume. Fosse acaso ou fenômeno magnético, a moça olhava também para mim. Prolongaram-se os nossos olhares... ficamos a amar um ao outro. Todos os amores começam pouco mais ou menos, assim.

Acho inútil contar minuciosamente este namoro de rapaz, que vocês em parte conhecem, e que não apresentou episódio notável. Meus pais aprovaram a minha escolha; os pais de Amélia fizeram o mesmo. Nada se opunha à nossa felicidade. Preparei-me um dia de ponto em branco e fui pedir a meu tio a mão da filha. Foi-me ela concedida, com a condição apenas de que o casamento seria efetuado alguns meses depois, quando o irmão de Amélia tivesse completado os estudos, e pudesse assistir à cerimônia com a sua carta de bacharel.

Durante este tempo Mariana estava em casa de uma parenta nossa que nô-la foi pedir para costurar uns vestidos. Mariana era excelente costureira. Quando ela voltou para casa, estava assentado o meu casamento com Amélia; e, como era natural, eu passava a maior parte do tempo em casa da prima, saboreando aquelas castas efusões de amor e ternura que antecedem o casamento. Mariana notou as minhas prolongadas ausências, e, com uma dissimulação assaz inteligente, indagou de minha irmã Josefa a causa delas. Disse-lho Josefa. Que se passou então no espírito de Mariana? Não sei; mas no dia seguinte, depois do almoço quando eu me dispunha a ir vestir-me, Mariana veio encontrar-me no corredor que ia ter ao meu quarto, com o pretexto de entregar-me um maço de charutos que me caíra do bolso. O maço fora previamente tirado da caixa que eu tinha no quarto.

— Aqui tem — disse ela com voz trêmula.

— O que é? — perguntei.

— Estes charutos... caíram do bolso de senhor moço.

— Ah!

Recebi o maço de charutos e guardei-o no bolso do casaco; mas durante esse tempo, Mariana conservou-se diante de mim. Olhei para ela; tinha os olhos postos no chão.

— Então, que fazes tu? — disse eu em tom de galhofa.

— Nada — respondeu ela levantando os olhos para mim. Estavam rasos de lágrimas.

Admirou-me essa manifestação inesperada da parte de uma rapariga que todos estavam acostumados a ver alegre e descuidosa da vida. Supus que houvesse cometido alguma falta e recorresse a mim para protegê-la junto de minha mãe. Nesse caso a falta devia ser grande, porque minha mãe era a bondade em pessoa, e tudo perdoava às suas amadas crias.

— Que tens, Mariana? — perguntei.

E como ela não respondesse e continuasse a olhar para mim, chamei em voz alta por minha mãe. Mariana apressou-se a tapar-me a boca, e esquivando-se às minhas mãos fugiu pelo corredor fora.

Fiquei a olhar ainda alguns instantes para ela, sem compreender nem as lágrimas, nem o gesto, nem a fuga. O meu principal cuidado era outro; a lembrança do incidente passou depressa, fui vestir-me e saí.

Quando voltei a casa não vi Mariana, nem reparei na falta dela. Acontecia isso muitas vezes. Mas depois de jantar lembrou-me o incidente da véspera, e perguntei a Josefa o que haveria magoado a rapariga que tão romanescamente me falara no corredor.

— Não sei — disse Josefa —, mas alguma coisa haverá porque Mariana anda triste desde anteontem. Que supões tu?

— Alguma coisa faria e tem medo da mamãe.

— Não — disse Josefa —; pode ser antes algum namoro.

— Ah! tu pensas que?

— Pode ser.

— E quem será o namorado da sra. Mariana? — perguntei rindo. — O copeiro ou o cocheiro?

—Tanto não sei eu; mas seja quem for, será alguém que lhe inspirasse amor; é quanto basta para que se mereçam um ao outro.

— Filosofia humanitária!

— Filosofia de mulher — respondeu Josefa com um ar tão sério que me impôs silêncio.

Mariana não me apareceu nos três dias seguintes. No quarto dia, estávamos almoçando, quando ela atravessou a sala de jantar, tomou a bênção a todos e foi para dentro. O meu quarto ficava além da sala de jantar e tinha uma janela que dava para o pátio e enfrentava com a janela do gabinete de costura. Quando fui para o meu quarto, Mariana estava nesse gabinete ocupada em preparar vários objetos para uns trabalhos de agulha. Não tinha os olhos em mim, mas eu percebia que o seu olhar acompanhava os meus movimentos. Aproximei-me da janela e disse-lhe:

— Está mais alegre, Mariana?

A mulatinha assustou-se, voltou a cara para diversos lados, como se tivesse medo de que as minhas palavras fossem ouvidas, e finalmente impôs-me silêncio com o dedo na boca.

— Mas que é? — perguntei eu dando à minha voz a moderação compatível com a distância.

Sua única resposta foi repetir-me o mesmo gesto.

Era evidente que a tristeza de Mariana tinha uma causa misteriosa, pois que ela receava revelar nada a esse respeito.

Que seria senão algum namoro, como minha irmã supunha? Convencido disto, e querendo continuar uma investigação curiosa, aproveitei a primeira ocasião que se me ofereceu.

— Que tens tu, Mariana? — disse eu; — andas triste e misteriosa. É algum namorico? Anda, fala; tu és estimada por todos cá de casa. Se gostas de alguém poderás ser feliz com ele porque ninguém te oporá obstáculos aos teus desejos.

— Ninguém? — perguntou ela com singular expressão de incredulidade.

— Quem teria interesse nisso?

— Não falemos nisso, nhonhô. Não se trata de amores, que eu não posso ter amores. Sou uma simples escrava.

— Escrava, é verdade, mas escrava quase senhora. És tratada aqui como filha da casa. Esqueces esses benefícios?

— Não os esqueço; mas tenho grande pena em havê-los recebido.

— Que dizes, insolente?

— Insolente? — disse Mariana com altivez. — Perdão! — continuou ela voltando à sua humildade natural e ajoelhando-se a meus pés —; perdão se disse aquilo; não foi por querer: eu sei o que sou; mas se nhonhô soubesse a razão estou certa que me perdoaria.

Comoveu-me esta linguagem da rapariga. Não sou mau; compreendi que alguma grande preocupação teria feito com que Mariana esquecesse por instantes a sua condição e o respeito que nos devia a todos.

— Está bom — disse eu —, levanta-te e vai-te embora; mas não tornes a dizer coisas dessas que me obrigas a contar tudo à senhora velha.

Mariana levantou-se, agarrou-me na mão, beijou-a repetidas vezes entre lágrimas e desapareceu.

Todos estes acontecimentos tinham chamado a minha atenção para a mulatinha. Parecia-me evidente que ela sentia alguma coisa por alguém, e ao mesmo tempo que o sentia, certa elevação e nobreza. Tais sentimentos contrastavam com a fatalidade da sua condição social. Que seria uma paixão daquela pobre escrava educada com mimos de senhora? Refleti longamente nisto tudo, e concebi um projeto romântico: obter a confissão franca de Mariana, e, no caso em que se tratasse de um amor que a pudesse tornar feliz, pedir a minha mãe a liberdade da escrava.

Josefa aprovou a minha ideia, e incumbiu-se de interrogar a rapariga e alcançar pela confiança aquilo que me seria mais difícil obter pela imposição ou sequer pelo conselho.

Mariana recusou dizer coisa nenhuma à minha irmã. Debalde empregou esta todos os meios de sedução possíveis entre uma senhora e uma escrava. Mariana respondia invariavelmente que nada havia que confessar. Josefa comunicou-me o que se passara entre ambas.

— Tentarei eu — respondi —; verei se sou mais feliz.

Mariana resistiu às minhas interrogações repetidas, asseverando que nada sentia e rindo de que se pudesse supor semelhante coisa. Mas era um riso forçado, que antes confirmava a suspeita do que a negativa.

— Bem — disse eu, quando me convenci de que nada podia alcançar —; bem, tu negas o que te pergunto. Minha mãe saberá interrogar-te.

Mariana estremeceu.

— Mas — disse ela — por que razão sinhá velha há de saber disto? Eu já disse a verdade.

— Não disseste — respondi eu —; e não sei por que recusas dizê-la quando tratamos todos da tua felicidade.

— Bem — disse Mariana com resolução, promete que se eu disser a verdade não me interrogará mais?

— Prometo — disse eu rindo.

— Pois bem; é verdade que eu gosto de uma pessoa...

— Quem é?

— Não posso dizer.

— Por quê?

— Porque é um amor impossível.

— Impossível? Sabes o que são amores impossíveis?

Roçou pelos lábios da mulatinha um sorriso de amargura e dor.

— Sei! — disse ela.

Nem pedidos, nem ameaças conseguiram de Mariana uma declaração positiva a este respeito. Josefa foi mais feliz do que eu; conseguiu, não arrancar-lhe o segredo, mas suspeitar-lho, e veio dizer-me o que lhe parecia.

— Que seja eu o querido de Mariana? — perguntei-lhe com um riso de mofa e incredulidade. — Estás louca, Josefa. Pois ela atrever-se-ia!...

— Parece que se atreveu.

— A descoberta é galante; e realmente não sei o que pense disto...

Não continuei; disse a Josefa que não falasse em semelhante coisa e desistisse de maiores explorações. Na minha opinião o caso tomava outro caráter; tratava-se de uma simples exaltação de sentidos.

Enganei-me.

Cerca de cinco semanas antes do dia marcado para o casamento, Mariana adoeceu. O médico deu à moléstia um nome bárbaro, mas na opinião de Josefa era doença de amor. A doente recusou tomar nenhum remédio; minha mãe estava louca de pena; minhas irmãs sentiam deveras a moléstia da escrava. Esta ficava cada vez mais abatida; não comia, nem se medicava; era de recear que morresse. Foi nestas circunstâncias que eu resolvi fazer um ato de caridade. Fui ter com Mariana e pedi-lhe que vivesse.

— Manda-me viver? — perguntou ela.

— Sim.

Foi eficaz a lembrança; Mariana restabeleceu-se em pouco tempo. Quinze dias depois estava completamente de pé.

Que esperanças concebera ela com as minhas palavras, não sei; cuido que elas só tiveram efeito por lhe acharem o espírito abatido. Acaso contaria ela que eu desistisse do casamento projetado e do amor que tinha à prima, para satisfazer os seus amores impossíveis? Não sei; o certo é que não só se lhe restaurou a saúde como também lhe voltou a alegria primitiva.

Confesso, entretanto, que, apesar de não compartir de modo nenhum os sentimentos de Mariana, entrei a olhar para ela com outros olhos. A rapariga tornara-se interessante para mim, e qualquer que seja a convicção de uma mulher, há sempre dentro de nós um fundo de vaidade que se lisonjeia com a afeição que ela nos vote. Além disto, surgiu em meu espírito uma ideia, que a razão pode condenar, mas que nossos costumes aceitam perfeitamente. Mariana encarregara-se de provar que estava acima das veleidades. Um dia de manhã fui acordado pelo alvoroço que havia em casa. Vesti-me à pressa e fui saber o que era. Mariana tinha desaparecido de casa. Achei minha mãe desconsoladíssima: estava triste e indignada ao mesmo tempo. Doía-lhe a ingratidão da escrava. Josefa veio ter comigo.

— Eu suspeitava — disse ela — que alguma coisa acontecesse. Mariana andava alegre demais; parecia-me contentamento fingido para encobrir algum plano. O plano foi este. Que te parece?

— Creio que devemos fazer esforços para capturá-la, e uma vez restituída à casa, colocá-la na situação verdadeira do cativeiro.

Disse isto por me estar a doer o desespero de minha mãe. A verdade é que, por simples egoísmo, eu desculpava o ato da rapariga.

Parecia-me natural, e agradava-me ao espírito, que a rapariga tivesse fugido para não assistir à minha ventura, que seria realidade daí a oito dias. Mas a ideia de suicídio veio aguar-me o gosto; estremeci com a suspeita de ser involuntariamente causa de um crime dessa ordem; impelido pelo remorso, saí apressadamente em busca de Mariana.

Achei-me na rua sem saber o que devia fazer. Andei cerca de vinte minutos inutilmente, até que me ocorreu a ideia natural de recorrer à polícia; era prosaica a intervenção da polícia, mas eu não fazia romance; ia simplesmente em cata de uma fugitiva.

A polícia nada sabia de Mariana; mas lá deixei a nota competente; correram agentes em todas as direções: fui eu mesmo saber nos arrabaldes se havia notícia de Mariana. Tudo foi inútil; às três horas da tarde voltei para casa sem poder tranquilizar minha família. Na minha opinião tudo estava perdido.

Fui à noite a casa de Amélia, aonde não fora de tarde, motivo pelo qual havia recebido um recado em carta a uma de minhas irmãs. A casa de minha prima ficava em uma esquina. Eram oito horas da noite quando cheguei à porta da casa. A três ou quatro passos estava um vulto de mulher cosido com a parede. Aproximei-me: era Mariana.

— Que fazes aqui? — perguntei eu.

— Perdão, nhonhô; vinha vê-lo.

— Ver-me? mas por que saíste de casa, onde eras tão bem tratada, e donde não tinhas o direito de sair, porque és cativa?

— Nhonhô, eu saí porque sofria muito...

— Sofrias muito! Tratavam-te mal? Bem sei o que é; são os resultados da educação que minha mãe te deu. Já te supões senhora e livre. Pois enganas-te; hás de voltar já e já para casa. Sofrerás as consequências da tua ingratidão. Vamos...

— Não! — disse ela —; não irei.

— Mariana, tu abusas da afeição que todos temos por ti. Eu não tolero essa recusa, e se me repetes isso...

— Que fará?

— Irás à força; irás com dois soldados.

— Nhonhô fará isso? — disse ela com voz trêmula. — Não quero obrigá-lo a incomodar os soldados; iremos juntos, ou irei só. O que eu queria, é que nhonhô não fosse tão cruel... porque enfim eu não tenho culpa se... Paciência! vamos... eu vou.

Mariana começou a chorar. Tive pena dela.

— Tranquiliza-te, Mariana — disse-lhe —; eu intercederei por ti. Mamãe não te fará mal.

— Que importa que faça? Eu estou disposta a tudo... Ninguém tem que ver com as minhas desgraças... Estou pronta; podemos ir.

— Saibamos outra coisa — disse eu —, alguém te seduziu para fugir?

Esta pergunta era astuciosa; eu desejava apenas desviar do espírito da rapariga qualquer suspeita de que eu soubesse dos seus amores por mim. Foi desastrada a astúcia. O único efeito da pergunta foi indigná-la.

— Se alguém me seduziu? — perguntou ela —; não, ninguém; fugi por que eu o amo, e não posso ser amada, e sou uma infeliz escrava. Aqui está por que eu fugi. Podemos ir; já disse tudo. Estou pronta a carregar com as consequências disto.

Não pude arrancar mais nada à rapariga. Apenas, quando lhe perguntei se havia comido, respondeu-me que não, mas que não tinha fome.

Chegamos a casa eu e ela perto das nove horas da noite. Minha mãe já não tinha esperanças de tornar a ver Mariana; o prazer que a vista da escrava lhe deu foi maior que a indignação pelo seu procedimento. Começou por invectivá-la. Intercedi a tempo de acalmar a justa indignação de minha mãe e Mariana foi dormir tranquilamente.

Não sei se tranquilamente. No dia seguinte tinha os olhos inchados e estava triste. A situação da pobre rapariga interessara-me bastante, o que era natural, sendo eu a causa indireta daquela dor profunda. Falei muito nesse episódio em casa de minha prima. O tio João Luís disse-me em particular que eu fora um asno e um ingrato.

— Por quê? — perguntei-lhe.

— Porque devias ter posto Mariana debaixo da minha proteção, a fim de livrá-la do mau tratamento que vai ter.

— Ah! não, minha mãe já lhe perdoou.

— Nunca lhe perdoará como eu.

Falei tanto em Mariana que minha prima entrou a sentir um disparatado ciúme. Protestei-lhe que era loucura e abatimento ter zelos de uma cria de casa, e que o meu interesse era simples sentimento de piedade. Parece que as minhas palavras não lhe fizeram grande impressão.

Extremamente leviana, Amélia não soube conservar a

necessária dignidade quando foi à minha casa. Conversou muito na necessidade de tratar severamente as escravas, e achou que era dar mau exemplo mandar-lhes ensinar alguma coisa.

Minha mãe admirou-se muito desta linguagem na boca de Amélia e redarguiu com aspereza o que lhe dava direito à sua vontade. Amélia insistiu; minhas irmãs combateram as suas opiniões: Amélia ficou amuada. Não havia pior posição para uma senhora.

Nada escapara a Mariana desta conversa entre Amélia e minha família; mas ela era dissimulada e nada disse que pudesse trair os seus sentimentos. Pelo contrário redobrou de esforços para agradar à minha prima; desfez-se em agrados e respeitos. Amélia recebia todas essas demonstrações com visível sobranceria em vez de as receber com fria dignidade.

Na primeira ocasião em que pude falar à minha prima, chamei a sua atenção para esta situação absurda e ridícula. Disse-lhe que, sem o querer, estava a humilhar-se diante de uma escrava. Amélia não compreendeu o sentimento que me ditou estas palavras, nem a procedência das minhas palavras. Viu naquilo uma defesa de Mariana; respondeu-me com algumas palavras duras e retirou-se para os aposentos de minhas irmãs onde chorou à vontade. Finalmente tudo se acalmou e Amélia voltou tranquila para casa.

Quatro dias antes do dia marcado para o meu casamento, era a festa do natal. Minha mãe costumava dar festas às escravas. Era um costume que lhe deixara minha avó. As festas consistiam em dinheiro ou algum objeto de pouco valor. Mariana recebia ambas as coisas por uma especial graça. De tarde tiveram gente em casa para jantar: alguns amigos e parentes. Amélia estava presente. Meu tio João Luís era grande amador de discursos à sobremesa. Mal começavam a entrar os doces, quando ele se levantou e começou um discurso que, a julgar pelo introito, devia ser extenso. Como ele tinha suma graça, eram gerais as risadas desde que empunhou o copo. Foi no meio dessa geral alegria que uma das escravas veio dar parte de que Mariana havia desaparecido.

Este segundo ato de rebeldia da mulatinha produziu a mais furiosa impressão em todos. Da primeira vez houve alguma mágoa e saudade de mistura com a indignação. Desta vez houve indignação apenas. Que sentimento devia inspirar a todos a insistência dessa rapariga em fugir de uma casa onde era tratada como filha? Ninguém duvidou mais que Mariana era seduzida por alguém, ideia que da primeira vez se desvaneceu mediante uma piedosa mentira da minha parte; como duvidar agora?

Tais não eram as minhas impressões. Senhor do funesto segredo da escrava, sentia-me penalizado por ser causa indireta das loucuras dela e das tristezas de minha mãe. Ficou assentado que se procuraria a fugitiva e se lhe daria o castigo competente. Deixei que esse movimento de cólera se consumasse, e levantei-me para ir procurar Mariana.

Amélia ficou desgostosa com esta resolução, e bem o revelou no olhar; mas eu fingi que a não percebia e saí.

Dei os primeiros passos necessários e usuais. A polícia nada sabia, mas ficou avisada e empregou meios para alcançar a fugitiva. Eu suspeitava que desta vez ela tivesse cometido suicídio; fiz neste sentido as diligências necessárias para ter alguma notícia dela viva ou morta.

Tudo foi inútil.

Quando voltei a casa eram dez horas da noite; todos estavam à minha espera, menos o tio e a prima que já se haviam retirado.

Minha irmã contou-me que Amélia saíra furiosa, porque achava que eu estava dando maior atenção do que devia a uma escrava, embora bonita, acrescentou ela.

Confesso que naquele momento o que me preocupava mais era Mariana; não porque eu correspondesse aos seus sentimentos por mim, mas porque eu sentia sérios remorsos de ser causa de um crime. Fui sempre pouco amante de aventuras e lances arriscados e não podia pensar sem algum terror na possibilidade de morrer alguém por mim.

Minha vaidade não era tamanha que me abafasse os sentimentos de piedade cristã. Neste estado as invectivas da minha noiva não me fizeram grande impressão, e não foi por causa delas que eu passei a noite em claro.

Continuei no dia seguinte as minhas pesquisas, mas nem eu nem a polícia fomos felizes.

Tendo andado muito, já a pé, já de tílburi, achei-me às cinco horas da tarde no largo de S. Francisco de Paula, com alguma vontade de comer; a casa ficava um pouco longe e eu queria continuar depois as minhas averiguações. Fui jantar a um hotel que então havia na antiga rua dos Latoeiros.

Comecei a comer distraído e ruminando mil ideias contrárias, mil suposições absurdas. Estava no meio do jantar quando vi descer do segundo andar da casa um criado com uma bandeja onde havia vários pratos cobertos.

— Não quer jantar — disse o criado ao dono do hotel que se achava no balcão.

— Não quer? — perguntou este —; mas então... não sei o que faça... reparaste se... Eu acho bom ir chamar a polícia.

Levantei-me da mesa e aproximei-me do balcão.

— De que se trata? — perguntei eu.

— De uma moça que aqui apareceu ontem, e que ainda não comeu até hoje...

Pedi-lhe os sinais da pessoa misteriosa. Não havia dúvida. Era Mariana.

— Creio que sei quem é — disse eu —, e ando justamente em procura dela. Deixe-me subir.

O homem hesitou; mas a consideração de que não lhe podia convir continuar a ter em casa uma pessoa por cuja causa viesse a ter questões com a polícia fez com que me deixasse o caminho livre.

Acompanhou-me o criado, a quem incumbi de chamar por ela, porque se conhecesse a minha voz, supunha eu que me não quisesse abrir.

Assim se fez. Mariana abriu a porta e eu apareci. Deu um grito estridente e lançou-se-me nos braços. Repeli aquela demonstração com toda a brandura que a situação exigia.

— Não venho aqui para receber-te abraços — disse eu —;

venho pela segunda vez buscar-te para casa, donde pela segunda vez fugiste.

A palavra *fugiste* escapou-me dos lábios; todavia, não lhe dei importância senão quando vi a impressão que ela produziu em Mariana. Confesso que devera ter alguma caridade mais; mas eu queria conciliar os meus sentimentos com os meus deveres, e não fazer com que a mulher não se esquecesse de que era escrava. Mariana parecia disposta a sofrer tudo dos outros, contanto que obtivesse a minha compaixão. Compaixão tinha-lhe-eu; mas não lho manifestava, e era esse todo o mal.

Quando a fugitiva recobrou a fala, depois das emoções diversas por que passara desde que me viu chegar, declarou positivamente que era sua intenção não sair dali. Insisti com ela dizendo-lhe que poderia ganhar tudo procedendo bem, ao passo que tudo perderia continuando naquela situação.

— Pouco importa — disse ela —; estou disposta a tudo.

— A matar-te, talvez? — perguntei eu.

— Talvez — disse ela sorrindo melancolicamente —; confesso-lhe até que a minha intenção era morrer na hora do seu casamento, a fim de que fôssemos ambos felizes, nhonhô casando-se, eu morrendo.

— Mas desgraçada, tu não vês que...

— Eu bem sei o que vejo — disse ela —; descanse; era essa a minha intenção, mas pode ser que o não faça...

Compreendi que era melhor levá-la pelos meios brandos; entrei a empregá-los sem esquecer nunca a reserva que me impunha a minha posição. Mariana estava resolvida a não voltar. Depois de gastar cerca de uma hora, sem nada obter, declarei-lhe positivamente que ia recorrer aos meios violentos, e que já lhe não era possível resistir. Perguntou-me que meios eram; disse-lhe que eram os agentes policiais.

— Bem vês, Mariana — acrescentei —, sempre hás de ir para casa; é melhor que me não obrigues a um ato que me causaria alguma dor.

— Sim? — perguntou ela com ânsia —; teria dor em levar-me assim para casa?

— Alguma pena teria decerto — respondi —; porque tu foste sempre boa rapariga; mas que farei eu se continuas a insistir em ficar aqui?

Mariana encostou a cabeça à parede e começou a soluçar; procurei acalmá-la; foi impossível. Não havia remédio; era necessário empregar o meio heroico. Saí ao corredor para chamar pelo criado que tinha descido logo depois que a porta se abriu.

Quando voltei ao quarto, Mariana acabava de fazer um movimento suspeito. Parecia-me que guardava alguma coisa no bolso. Seria alguma arma?

— Que escondeste aí? — perguntei eu.

— Nada — disse ela.

— Mariana, tu tens alguma ideia terrível no espírito... Isso é alguma arma...

— Não — respondeu ela.

Chegou o criado e o dono da casa. Expus-lhes em voz baixa o que queria; o criado saiu, o dono da casa ficou.

— Eu suspeito que ela tem alguma arma no bolso para matar-se; cumpre arrancar-lha.

Dizendo isto ao dono da casa, aproximei-me de Mariana.

— Dá-me o que tens aí.

Ela contraiu um pouco o rosto. Depois, metendo a mão no bolso, entregou-me o objeto que lá havia guardado.

Era um vidro vazio.

— Que é isto, Mariana? — perguntei eu, assustado.

— Nada — disse ela —; eu queria matar-me depois de amanhã. Nhonhô apressou a minha morte; nada mais.

— Mariana! — exclamei eu aterrado.

— Oh! — continuou ela com voz fraca —; não lhe quero mal por isso. Nhonhô não tem culpa: a culpa é da natureza. Só o que eu lhe peço é que não me tenha raiva, e que se lembre algumas vezes de mim...

Mariana caiu sobre a cama. Pouco depois entrava o inspetor. Chamou-se à pressa um médico; mas era tarde. O veneno era violento; Mariana morreu às oito horas da noite.

Sofri muito com este acontecimento; mas alcancei que

minha mãe perdoasse a infeliz, confessando-lhe a causa da morte dela. Amélia nada soube, mas nem por isso deixou o fato de influir em seu espírito. O interesse com que eu procurei a rapariga e a dor que a sua morte me causou transtornaram a tal ponto os sentimentos da minha noiva, que ela rompeu o casamento dizendo ao pai que havia mudado de resolução.

Tal foi, meus amigos, este incidente da minha vida. Creio que posso dizer ainda hoje que todas as mulheres de quem tenho sido amado, nenhuma me amou mais do que aquela. Sem alimentar-se de nenhuma esperança, entregou-se alegremente ao fogo do martírio; amor obscuro, silencioso, desesperado, inspirando o riso ou a indignação, mas no fundo, amor imenso e profundo, sincero e inalterável."

Coutinho concluiu assim a sua narração, que foi ouvida com tristeza por todos nós. Mas daí a pouco saíamos pela rua do Ouvidor fora, examinando os pés das damas que desciam dos carros, e fazendo a esse respeito mil reflexões mais ou menos engraçadas e oportunas. Duas horas de conversa tinha-nos restituído a mocidade.

FREI SIMÃO

Publicado pela primeira vez em junho de 1864 no
Jornal das Famílias; incluído em 1870 no livro *Contos fluminenses*.

I

Frei Simão era um frade da ordem dos beneditinos. Tinha, quando morreu, cinquenta anos em aparência, mas na realidade trinta e oito. A causa desta velhice prematura derivava da que o levou ao claustro na idade de trinta anos, e, tanto quanto se pode saber por uns fragmentos de memórias que ele deixou, a causa era justa.

Era frei Simão de caráter taciturno e desconfiado. Passava dias inteiros na sua cela, donde apenas saía na hora do refeitório e dos ofícios divinos. Não contava amizade alguma no convento, porque não era possível entreter com ele os preliminares que fundam e consolidam as afeições.

Em um convento, onde a comunhão das almas deve ser mais pronta e mais profunda, frei Simão parecia fugir à regra geral. Um dos noviços pôs-lhe alcunha de *urso*, que lhe ficou, mas só entre os noviços, bem entendido. Os frades professos, esses, apesar do desgosto que o gênio solitário de frei Simão lhes inspirava, sentiam por ele certo respeito e veneração.

Um dia anuncia-se que frei Simão adoecera gravemente. Chamaram-se os socorros e prestaram ao enfermo todos os cuidados necessários. A moléstia era mortal: depois de cinco dias frei Simão expirou.

Durante estes cinco dias de moléstia, a cela de frei Simão esteve cheia de frades. Frei Simão não disse uma palavra durante esses cinco dias; só no último, quando se aproximava o minuto fatal, sentou-se no leito, fez chamar para mais perto o abade, e disse-lhe ao ouvido com voz sufocada e em tom estranho:

— Morro odiando a humanidade!

O abade recuou até a parede ao ouvir estas palavras, e no tom em que foram ditas. Quanto a frei Simão, caiu sobre o travesseiro e passou à eternidade.

Depois de feitas ao irmão finado as honras que se lhe deviam, a comunidade perguntou ao seu chefe que palavras ouvira tão sinistras que o assustaram. O abade referiu-as, persignando-se. Mas os frades não viram nessas palavras senão um segredo do passado, sem dúvida importante, mas não tal que pudesse lançar o terror no espírito do abade. Este explicou-lhes a ideia que tivera quando ouviu as palavras de frei Simão, no tom em que foram ditas, e acompanhadas do olhar com que o fulminou: acreditara que frei Simão estivesse doido; mais ainda, que tivesse entrado já doido para a ordem. Os hábitos da solidão e taciturnidade a que se votara o frade pareciam sintomas de uma alienação mental de caráter brando e pacífico; mas durante oito anos parecia impossível aos frades que frei Simão não tivesse um dia revelado de modo positivo a sua loucura; objetaram isso ao abade; mas este persistia na sua crença.

Entretanto procedeu-se ao inventário dos objetos que pertenciam ao finado, e entre eles achou-se um rolo de papéis convenientemente enlaçados, com este rótulo: *Memórias que há de escrever frei Simão de Santa Águeda, frade beneditino.*

Este rolo de papéis foi um grande achado para a comunidade curiosa. Iam finalmente penetrar alguma coisa no véu misterioso que envolvia o passado de frei Simão, e talvez confirmar as suspeitas do abade. O rolo foi aberto e lido para todos.

Eram, pela maior parte, fragmentos incompletos, apontamentos truncados e notas insuficientes; mas de tudo junto pôde-se colher que realmente frei Simão estivera louco durante certo tempo.

O autor desta narrativa despreza aquela parte das memórias que não tiver absolutamente importância; mas procura aproveitar a que for menos inútil ou menos obscura.

II

As notas de frei Simão nada dizem do lugar do seu nascimento nem do nome de seus pais. O que se pôde saber dos seus princípios é que, tendo concluído os estudos preparatórios, não pôde seguir a carreira das letras, como desejava, e foi obrigado a entrar como guarda-livros na casa comercial de seu pai.

Morava então em casa de seu pai uma prima de Simão, órfã de pai e mãe, que haviam por morte deixado ao pai de Simão o cuidado de a educarem e manterem. Parece que os cabedais deste deram para isto. Quanto ao pai da prima órfã, tendo sido rico, perdera tudo ao jogo e nos azares do comércio, ficando reduzido à última miséria.

A órfã chamava-se Helena; era bela, meiga e extremamente boa. Simão, que se educara com ela, e juntamente vivia debaixo do mesmo teto, não pôde resistir às elevadas qualidades e à beleza de sua prima. Amaram-se. Em seus sonhos de futuro contavam ambos o casamento, coisa que parece mais natural do mundo para corações amantes.

Não tardou muito que os pais de Simão descobrissem o amor dos dois. Ora é preciso dizer, apesar de não haver declaração formal disto nos apontamentos do frade, é preciso dizer que os referidos pais eram de um egoísmo descomunal. Davam de boa vontade o pão da subsistência a Helena; mas lá casar o filho com a pobre órfã é que não podiam consentir. Tinham posto a mira em uma herdeira rica, e dispunham de si para si que o rapaz se casaria com ela.

Uma tarde, como estivesse o rapaz a adiantar a escrituração do livro mestre, entrou no escritório o pai com ar grave e risonho ao mesmo tempo, e disse ao filho que largasse o trabalho e o ouvisse. O rapaz obedeceu. O pai falou assim:

— Vais partir para a província de ***. Preciso mandar umas cartas ao meu correspondente Amaral, e, como sejam elas de grande importância, não quero confiá-las ao nosso desleixado correio. Queres ir no vapor ou preferes o nosso brigue?

Esta pergunta era feita com grande tino.

Obrigado a responder-lhe, o velho comerciante não dera lugar a que seu filho apresentasse objeções.

O rapaz enfiou, abaixou os olhos e respondeu.

— Vou onde meu pai quiser.

O pai agradeceu mentalmente a submissão do filho, que lhe poupava o dinheiro da passagem no vapor, e foi muito contente dar parte à mulher de que o rapaz não fizera objeção alguma.

Nessa noite os dois amantes tiveram ocasião de encontrar-se sós na sala de jantar.

Simão contou a Helena o que se passara. Choraram ambos algumas lágrimas furtivas, e ficaram na esperança de que a viagem fosse de um mês, quando muito.

À mesa do chá, o pai de Simão conversou sobre a viagem do rapaz, que devia ser de poucos dias. Isto reanimou as esperanças dos dois amantes. O resto da noite passou-se em conselhos da parte do velho ao filho sobre a maneira de portar-se na casa do correspondente. Às dez horas, como de costume, todos se recolheram aos aposentos.

Os dias passaram-se depressa. Finalmente raiou aquele em que devia partir o brigue. Helena saiu de seu quarto com os olhos vermelhos de chorar. Interrogada bruscamente pela tia, disse que era uma inflamação adquirida pelo muito que lera na noite anterior. A tia prescreveu-lhe abstenção da leitura e banhos de água de malvas.

Quanto ao tio, tendo chamado Simão, entregou-lhe uma carta para o correspondente, e abraçou-o. A mala e um criado estavam prontos. A despedida foi triste. Os dois pais sempre choraram alguma coisa, a rapariga muito.

Quanto a Simão, levava os olhos secos e ardentes. Era refratário às lágrimas; por isso mesmo padecia mais.

O brigue partiu. Simão, enquanto pôde ver terra, não se retirou de cima; quando finalmente se fecharam de todo *as paredes do cárcere que anda*, na frase pitoresca de Ribeyrolles, Simão desceu ao seu camarote, triste e com o coração apertado. Havia como um pressentimento que lhe dizia interiormente ser impossível tornar a ver sua prima. Parecia que ia para um degredo.

Chegando ao lugar do seu destino, procurou Simão o correspondente de seu pai e entregou-lhe a carta. O sr. Amaral leu a carta, fitou o rapaz, e, depois de algum silêncio, disse-lhe, volvendo a carta:

— Bem, agora é preciso esperar que eu cumpra esta ordem de seu pai. Entretanto venha morar para a minha casa.

— Quando poderei voltar? — perguntou Simão.

— Em poucos dias, salvo se as coisas se complicarem.

Este salvo, posto na boca de Amaral como incidente, era a oração principal. A carta do pai de Simão versava assim:

Meu caro Amaral,

Motivos ponderosos me obrigam a mandar meu filho desta cidade. Retenha-o por lá como puder. O pretexto da viagem é ter eu necessidade de ultimar alguns negócios com você, o que dirá ao pequeno, fazendo-lhe sempre crer que a demora é pouca ou nenhuma. Você, que teve na sua adolescência a triste ideia de engendrar romances, vá inventando circunstâncias e ocorrências imprevistas, de modo que o rapaz não me torne cá antes de segunda ordem. Sou, como sempre etc.

III

Passaram-se dias e dias, e nada de chegar o momento de voltar à casa paterna. O ex-romancista era na verdade fértil, e não se cansava de inventar pretextos que deixavam convencido o rapaz.

Entretanto, como o espírito dos amantes não é menos engenhoso que o dos romancistas, Simão e Helena acharam meio de se escreverem, e deste modo podiam consolar-se da ausência, com presença das letras e do papel. Bem diz Heloísa que a arte de escrever foi inventada por alguma amante separada do seu amante. Nestas cartas juravam-se os dois sua eterna fidelidade.

No fim de dois meses de espera baldada e de ativa correspondência, a tia de Helena surpreendeu uma carta de Simão. Era a vigésima, creio eu. Houve grande temporal em casa. O tio, que estava no escritório, saiu precipitadamente e tomou conhecimento do negócio. O resultado foi proscrever de casa tinta, penas e papel, e instituir vigilância rigorosa sobre a infeliz rapariga.

Começaram pois a escassear as cartas ao pobre deportado. Inquiriu a causa disto em cartas choradas e compridas; mas como o rigor fiscal da casa de seu pai adquiria proporções descomunais, acontecia que todas as cartas de Simão iam parar às mãos do velho, que, depois de apreciar o estilo amoroso de seu filho, fazia queimar as ardentes epístolas.

Passaram-se dias e meses. Carta de Helena, nenhuma. O correspondente ia esgotando a veia inventadora, e já não sabia como reter finalmente o rapaz.

Chega uma carta a Simão. Era letra do pai. Só diferençava das outras que recebia do velho em ser esta mais longa, muito mais longa. O rapaz abriu a carta, e leu trêmulo e pálido. Contava nesta carta o honrado comerciante que a Helena, a boa rapariga que ele destinava a ser sua filha casando-se com Simão, a boa Helena tinha morrido. O velho copiara algum dos últimos necrológios que vira nos jornais, e ajuntara algumas consolações de casa. A última consolação foi dizer-lhe que embarcasse e fosse ter com ele.

O período final da carta dizia:

Assim como assim, não se realizam os meus negócios; não te pude casar com Helena, visto que Deus a levou. Mas volta, filho, vem; poderás consolar-te casando com outra, a *filha do conselheiro ***. Está moça feita e é um bom partido. Não te desalentas; lembra-te de mim.*

O pai de Simão não conhecia bem o amor do filho, nem era grande águia para avaliá-lo, ainda que o conhecesse. Dores tais não se consolam com uma carta nem com um casamento. Era melhor mandá-lo chamar, e depois preparar-lhe a notícia; mas dada assim friamente em uma carta, era expor o rapaz a uma morte certa.

Ficou Simão vivo em corpo e morto moralmente, tão morto que por sua própria ideia foi dali procurar uma sepultura. Era melhor dar aqui alguns dos papéis escritos por Simão relativamente ao que sofreu depois da carta; mas há muitas falhas, e eu não quero corrigir a exposição ingênua e sincera do frade.

A sepultura que Simão escolheu foi um convento. Respondeu ao pai que agradecia a filha do conselheiro, mas que daquele dia em diante pertencia ao serviço de Deus.

O pai ficou maravilhado. Nunca suspeitou que o filho pudesse vir a ter semelhante resolução. Escreveu às pressas para ver se o desviava da ideia; mas não pôde conseguir.

Quanto ao correspondente, para quem tudo se embrulhava cada vez mais, deixou o rapaz seguir para o claustro, disposto a não figurar em um negócio do qual nada realmente sabia.

IV

Frei Simão de Santa Águeda foi obrigado a ir à província natal em missão religiosa, tempos depois dos fatos que acabo de narrar.

Preparou-se e embarcou.

A missão não era na capital, mas no interior. Entrando na capital, pareceu-lhe dever ir visitar seus pais. Estavam mudados física e moralmente. Era com certeza a dor e o remorso de terem precipitado seu filho à resolução que tomou. Tinham vendido a casa comercial e viviam de suas rendas.

Receberam o filho com alvoroço e verdadeiro amor. Depois das lágrimas e das consolações, vieram ao fim da viagem de Simão.

— A que vens tu, meu filho?

— Venho cumprir uma missão de sacerdócio que abracei. Venho pregar, para que o rebanho do Senhor não se arrede nunca do bom caminho.

— Aqui na capital?

— Não, no interior. Começo pela vila de ***.

Os dois velhos estremeceram; mas Simão nada viu. No dia seguinte partiu Simão, não sem algumas instâncias de seus pais para que ficasse. Notaram eles que seu filho nem de leve tocara em Helena. Também eles não quiseram magoá-lo falando em tal assunto.

Daí a dias, na vila de que falara frei Simão, era um alvoroço para ouvir as prédicas do missionário.

A velha igreja do lugar estava atopetada de povo.

À hora anunciada, frei Simão subiu ao púlpito e começou o discurso religioso. Metade do povo saiu aborrecido no meio do sermão. A razão era simples. Avezado à pintura viva dos caldeirões de Pedro Botelho e outros pedacinhos de ouro da maioria dos pregadores, o povo não podia ouvir com prazer a linguagem simples, branda, persuasiva, a que serviam de modelo as conferências do fundador da nossa religião.

O pregador estava a terminar, quando entrou apressadamente na igreja um par, marido e mulher: ele, honrado lavrador, meio remediado com o sítio que possuía e a boa vontade de trabalhar; ela, senhora estimada por suas virtudes, mas de uma melancolia invencível.

Depois de tomarem água benta, colocaram-se ambos em lugar donde pudessem ver facilmente o pregador.

Ouviu-se então um grito, e todos correram para a recém-chegada, que acabava de desmaiar. Frei Simão teve de parar o seu discurso, enquanto se punha termo ao incidente. Mas, por uma aberta que a turba deixava, pôde ele ver o rosto da desmaiada.

Era Helena.

No manuscrito do frade há uma série de reticências dispostas em oito linhas. Ele próprio não sabe o que se passou. Mas o que se passou foi que, mal conhecera Helena, continuou o frade o discurso. Era então outra coisa: era um discurso sem nexo, sem assunto, um verdadeiro delírio. A consternação foi geral.

V

O delírio de frei Simão durou alguns dias. Graças aos cuidados, pôde melhorar, e pareceu a todos que estava bom, menos ao médico, que queria continuar a cura. Mas o frade disse positivamente que se retirava ao convento, e não houve forças humanas que o detivessem.

O leitor compreende naturalmente que o casamento de Helena fora obrigado pelos tios.

A pobre senhora não resistiu à comoção. Dois meses depois morreu, deixando inconsolável o marido, que a amava com veras.

Frei Simão, recolhido ao convento, tornou-se mais solitário e taciturno. Restava-lhe ainda um pouco da alienação.

Já conhecemos o acontecimento de sua morte e a impressão que ela causara ao abade.

A cela de frei Simão de Santa Águeda esteve muito tempo religiosamente fechada. Só se abriu, algum tempo depois, para dar entrada a um velho secular, que por esmola alcançou do abade acabar os seus dias na convivência dos médicos da alma. Era o pai de Simão. A mãe tinha morrido.

Foi crença, nos últimos anos de vida deste velho, que ele não estava menos doido que frei Simão de Santa Águeda.

TRÊS TESOUROS PERDIDOS

Publicado pela primeira vez em 5 de janeiro de 1858 no jornal *A Marmota*.

Uma tarde, eram quatro horas, o sr. X... voltava à sua casa para jantar. O apetite que levava não o fez reparar em um cabriolé que estava parado à sua porta. Entrou, subiu a escada, penetra na sala e... dá com os olhos em um homem que passeava a largos passos como agitado por uma interna aflição.

Cumprimentou-o polidamente; mas o homem lançou-se sobre ele e com uma voz alterada, diz-lhe:

— Senhor, eu sou F..., marido da sra. d. E...

— Estimo muito conhecê-lo — responde o sr. X...; mas não tenho a honra de conhecer a sra. d. E...

— Não a conhece! Não a conhece!... quer juntar a zombaria à infâmia?

— Senhor!...

E o sr. X... deu um passo para ele.

— Alto lá!

O sr. F..., tirando do bolso uma pistola, continuou:

— Ou o senhor há de deixar esta corte, ou vai morrer como um cão!

— Mas, senhor — disse o sr. X..., a quem a eloquência do sr. F... tinha produzido um certo efeito —, que motivo tem o senhor...?

— Que motivo! É boa! Pois não é um motivo andar o senhor fazendo a corte à minha mulher?

— A corte à sua mulher! não compreendo!

— Não compreende! oh! não me faça perder a estribeira.

— Creio que se engana...

— Enganar-me! É boa!... mas eu o vi... sair duas vezes de minha casa...

— Sua casa!

— No Andaraí... por uma porta secreta... Vamos! ou...

— Mas, senhor, há de ser outro, que se pareça comigo...

— Não; não; é o senhor mesmo... como escapar-me este ar de tolo que ressalta de toda a sua cara? Vamos, ou deixar a cidade, ou morrer... Escolha!

Era um dilema. O sr. X... compreendeu que estava metido entre um cavalo e uma pistola. Pois toda a sua paixão era ir a Minas, escolheu o cavalo.

Surgiu, porém, uma objeção.

— Mas, senhor — disse ele —, os meus recursos...

— Os seus recursos! Ah! tudo previ... descanse... eu sou um marido previdente.

E tirando da algibeira da casaca uma linda carteira de couro da Rússia, diz-lhe:

— Aqui tem dois contos de réis para os gastos da viagem; vamos, parta! parta imediatamente. Para onde vai?

— Para Minas.

— Oh! a pátria do Tiradentes! Deus o leve a salvamento... Perdoo-lhe, mas não volte a esta corte... Boa viagem!

Dizendo isto, o sr. F... desceu precipitadamente a escada, e entrou no cabriolé, que desapareceu em uma nuvem de poeira.

O sr. X... ficou por alguns instantes pensativo. Não podia acreditar nos seus olhos e ouvidos; pensava sonhar. Um engano trazia-lhe dois contos de réis, e a realização de um dos seus mais caros sonhos. Jantou tranquilamente, e daí a uma hora partia para a terra de Gonzaga, deixando em sua casa apenas um moleque encarregado de instruir, pelo espaço de oito dias, aos seus amigos sobre o seu destino.

No dia seguinte, pelas onze horas da manhã, voltava o sr. F... para a sua chácara de Andaraí, pois tinha passado a noite fora.

Entrou, penetrou na sala, e indo deixar o chapéu sobre uma mesa, viu ali o seguinte bilhete:

Meu caro esposo! Parto no paquete em companhia do teu amigo P... Vou para a Europa. Desculpa a má companhia, pois melhor não podia ser. — Tua E...

Desesperado, fora de si, o sr. F... lança-se a um jornal que perto estava: o paquete tinha partido às oito horas.

— Era P... que eu acreditava meu amigo... Ah! maldição! Ao menos não percamos os dois contos! Tornou a meter-se no cabriolé e dirigiu-se à casa do sr. X..., subiu; apareceu o moleque.

— Teu senhor?

— Partiu para Minas.

O sr. F... desmaiou.

Quando deu acordo de si estava louco... louco varrido!

Hoje, quando alguém o visita, diz ele com um tom lastimoso:

— Perdi três tesouros a um tempo: uma mulher sem igual, um amigo a toda prova, e uma linda carteira cheia de encantadoras notas... que bem podiam aquecer-me as algibeiras!...

Neste último ponto, o doido tem razão, e parece ser um doido com juízo.

POSFÁCIO

Por que um homem que teve uma vida conjugal, até onde se sabe, bastante estável e tranquila, tendo sido casado por trinta e cinco anos com a mesma mulher, Carolina, tratou tanto em sua ficção das traições e decepções amorosas e conjugais? Essa questão, que intrigou os primeiros críticos e biógrafos de Machado de Assis, certamente não tem resposta. Nunca sabemos o que de fato se passa na cabeça do outro, ou na intimidade entre duas pessoas. Muitas vezes, não temos clareza nem mesmo daquilo que estamos vivendo quando se trata de sentimentos profundos.

O escritor parece que sabia muito bem disso tudo e explorou essas zonas de indefinição e incerteza em sua obra, na qual o amor assume dimensões e contornos bastante variados, atravessado que está por contingências e interesses os mais diversos, misturado a outros sentimentos que poderiam parecer contraditórios ou incompatíveis com certas noções de amor muito difundidas tanto no seu tempo como no nosso.

Machado de Assis, que manteve postura independente e diferenciada em relação à literatura de sua época, também se distinguiu nos modos de tratar desse sentimento, candente em todos os tempos e quadrantes, mas que ao longo do século XIX ganhou representações bastante peculiares entre escritores românticos, realistas e naturalistas. Para os românticos, o amor era principalmente idealização, lugar de restauração de uma plenitude que sentiam perdida; para os realistas, um sentimento problemático, relativizado por questões de classe e dinheiro; os naturalistas, por sua vez, enfatizavam seus contornos físicos, na medida em que, como tudo o mais, o amor estava subordinado a determinações e leis naturais.

Quem leu os contos deste volume há de ter notado que as relações amorosas e conjugais no universo ficcional de Machado de Assis estão profundamente marcadas pelo ideário das escolas e movimentos literários do século XIX. As imagens românticas do amor comparecem com frequência nas narrativas. Por exemplo, na caracterização das personagens femininas, como a vaporosa Conceição de "Missa do galo" e a Clarinha de "O relógio de ouro", descrita pelo narrador como pequena, delgada e um tanto pálida. Entretanto, os clichês românticos evocados pelo escritor costumam encobrir mulheres com uma força e um poder de decisão muitas vezes insuspeitos. Não raro, são elas que tomam as rédeas da história, por força da tenacidade e da dissimulação, estratégias de sobrevivência num mundo patriarcal em que quase tudo lhes é adverso. Também romanticamente, as mulheres e sobretudo os homens machadianos sempre pensam que nunca poderão superar a separação ou a perda. Diante das frustrações amorosas, pensam no sofrimento eterno e nas várias modalidades de suicídio, mas em seguida os narradores nos lembram de que os pensamentos trágicos logo se dissipam, e os personagens voltam à sua vida ordinária, fumando um charuto, almoçando bem, acomodando-se no conforto de algum novo arranjo afetivo que substitui o que instantes antes parecia insubstituível. Maliciosamente, Machado também inclui em suas narrativas muitas referências a histórias e personagens românticas e de aventuras, como *Os três mosqueteiros*, *A moreninha*, *Romeu e Julieta*, a *Princesa Magalona*. Com isso, cria falsas expectativas nos leitores de suas histórias, que nunca seguem à risca o figurino romântico sugerido por aquelas outras histórias. Pelo contrário, os contos expõem o que há de ilusionismo e idealização nos esquemas românticos.

Do ideário realista, Machado aproveita a concorrência entre amor e dinheiro, que também se faz presente em várias de suas narrativas. O cálculo, entretanto, quase sempre sai pela culatra, uma vez que os planos conjugais baseados no interesse material nunca se realizam de fato, resultando na maior parte das vezes em infelicidade e solidão, caso de "Frei Simão" e "Entre duas datas".

O gosto naturalista pelo escabroso, pelas sensações físicas, também comparece nos contos do escritor, que tratam das dimensões sombrias do amor. O caso talvez mais conhecido é "A causa secreta", com suas cenas de tortura e exposição explícita do sofrimento físico, que suspendem qualquer contradição entre amor, prazer e dor; mas aí a ironia está presente desde o título, uma vez que o que move Fortunato no seu prazer pela dor alheia permanece em segredo. As notas naturalistas também aparecem no conto "Terpsícore", em que a caracterização do amor de Glória e Porfírio em termos bastante físicos, com a adoção inclusive de imagens animalescas, tão caras aos naturalistas, não redunda em nenhuma degradação ou tragédia; muito pelo contrário, é esse o caso de amor, entre todos do livro, que chega mais perto de uma realização plena, flertando com o sublime.

Assim, as determinações românticas, realistas e naturalistas do amor parecem ser colocadas permanentemente em xeque pela ficção machadiana, que evoca todas essas formas de racionalização do sentimento. Entretanto, os contos parecem sublinhar que elas não passam de meras tentativas de racionalização de algo profundamente contraditório, atravessado tanto por questões materiais quanto sujeito, como tudo o mais, à corrosão do tempo e aos caprichos do acaso.

Sempre avesso às definições, verdades e determinações irrevogáveis, Machado apresenta as relações amorosas com a complexidade que elas costumam ter na vida, com o que há nelas de indefinível, imponderável, contraditório e até mesmo casual. Não por acaso as histórias de amor são em geral associadas aos bilhetes de loteria, que muitas vezes saem brancos, mas também podem, ainda que raras vezes, conter a sorte grande. Assim, à medida que os contos se sucedem ao longo do tempo, notamos um caminho que vai da perda das ilusões à dissolução das certezas sobre o amor em zonas de sombra, sujeito à oscilação entre a vigília e o sono, a razão e a loucura, realidade e imaginação.

Entre tantas indeterminações também há algumas constantes: as relações interpessoais tendem a ser desiguais, conflituosas e violentas, e a equação que supõe harmonia entre amor e casamento não tem solução à vista. Também é nessa equação, que alimenta boa parte da ficção romântica e realista do século XIX, com seus desdobramentos nas questões de herança e hereditariedade, que se concentra a ficção machadiana. Por isso, a traição paira sempre sobre as cabeças das personagens, dos narradores e também dos leitores, muitas vezes induzidos a naturalizar os preconceitos sociais que envolvem os papéis masculinos e femininos. Nesse sentido, "O relógio de ouro" é uma história exemplar, uma vez que a hipótese da traição de Clarinha, nunca formulada explicitamente, atravessa e contamina todo o conto; assim como, muitos anos depois, o leitor de *Dom Casmurro* será induzido a concordar com o veredito do narrador a respeito do comportamento de Capitu.

A dificuldade de procriar, legar e dar continuidade ao que quer que seja é outra das constantes na ficção de Machado, marcada pela esterilidade e pela ausência de qualquer futuro promissor. Como ocorre nos romances, onde a descendência dos casais está ausente ou é problemática, no conjunto dos contos os casais estão às voltas consigo mesmos e raramente deixam filhos. Nos quinze contos incluídos neste livro, apenas "Curta história" registra o nascimento de duas crianças, ainda assim como parte da ironia final da história de amor malogrado. Num século que acreditou na evolução e no progresso, e num país onde a literatura quase sempre foi investida de papel construtivo e adotou postura eufórica sobre o futuro da nação, não surpreende que as histórias machadianas tenham causado tanta estranheza.

Afinado com a sensibilidade e o gosto de sua época pelos fenômenos psíquicos, Machado dá muita atenção aos comportamentos das personagens, focalizando as motivações inconscientes e os comportamentos inexplicáveis. Daí o recurso frequente nestes contos, e na sua ficção de maneira geral, aos sonhos, aos devaneios, à imaginação excitada pela ficção, aos estados limítrofes entre a consciência e a inconsciência. As histórias machadianas parecem muito bem sintonizadas com esse tempo em que a psicologia se firmava como disciplina de estudo e Freud começava a formular os primeiros conceitos da psicanálise.

Nos contos, assim como nos romances de Machado, caminha-se em direção a uma problematização crescente dos limites entre o que é real e o que é imaginação, realidade e sonho, razão e loucura, história e ficção. De modo paradoxal, o autor parece situar suas narrativas, com precisão cada vez mais milimétrica, nas zonas de indefinição e penumbra. Com isso, o leitor é instigado a completar lacunas e participar ativamente no processo literário, interpretando textos cujos sentidos, por mais que nos esforcemos para fixá-los, insistem em escapar.

Como no romance, esse efeito se dá em função da complexidade crescente dos narradores. Nos contos reunidos neste volume, há aqueles em primeira pessoa, cujo acesso ao que contam está dificultado pela distância temporal entre a escrita e a experiência vivida e também pelo modo precário como viveram aquilo que contam, perturbados que estavam pelo desejo e/ou pelo ciúme. Há a frequente criação de narradores interpostos, que contam sua história para outro narrador, estabelecendo entre nós e os fatos a que a narração se refere pelo menos dois planos de manipulação sobre o narrado. E há também a sobreposição entre as vozes dos narradores e das personagens, por meio de recursos como o uso do discurso indireto livre, criando-se grande incerteza sobre quem é o responsável pelo que nos está sendo contado.

Todos esses expedientes machadianos concorrem para nos deixar desamparados das certezas e verdades, mas também nos deixam livres por inteiro para fruir e interpretar suas histórias. Talvez por isso, mais de um século depois de suas primeiras publicações, a arte de Machado de Assis, com todas as marcas que trazem do seu tempo, mantenha um frescor e uma atualidade verdadeiramente assombrosos.

Hélio Guimarães

REFERÊNCIAS BIBLIOGRÁFICAS

Edições utilizadas para cotejo e estabelecimento de texto

ASSIS, Machado de. "Uns braços." In: *Várias histórias*. Rio de Janeiro: Garnier, 1904, pp. 41-57.

_____. "Cantiga de esponsais." In: *Histórias sem data*. Rio de Janeiro: Garnier, 1884, pp. 49-56.

_____. "A cartomante." In: *Várias histórias*. Rio de Janeiro: Garnier, 1904, pp. 3-19.

_____. "A causa secreta." In: *Várias histórias*. Rio de Janeiro: Garnier, 1904, pp. 101-18.

_____. "Curta história." *A Estação*, 31 maio 1886, ano XV, n. 10, p. 37.

_____. "Entre duas datas." *A Estação*, 31 maio 1886, ano XV, n. 10, p. 43; 15 jun. 1886, ano XV, n. 11, p. 47; 30 jun. 1886, ano XV, n. 12, p. 51.

_____. "Um esqueleto." *Jornal das Famílias*, outubro de 1875, ano XIII, pp. 10, 290-4; novembro de 1875, ano XIII, pp. 11, 322-31.

_____. "Frei Simão." In: *Contos fluminenses*. Rio de Janeiro: Garnier, 1899, pp. 295-310.

_____. "Mariana." *Jornal das Famílias*, janeiro de 1871, ano IX, pp. 1-16.

_____. "Missa do galo." In: *Páginas recolhidas*. Rio de Janeiro: Garnier, 1900, pp. 77-88.

_____. "Noite de almirante." In: *Histórias sem data*. Rio de Janeiro: Garnier, 1884, pp. 205-17.

_____. "O relógio de ouro." In: *Histórias da meia-noite*. Rio de Janeiro: Garnier, 1873, pp. 193-205.

_____. *Terpsícore*. São Paulo: Boitempo, 1996.

_____. "Três tesouros perdidos." In: *Contos: uma antologia*. São Paulo: Companhia das Letras, 1998, pp. 63-5.

_____. "Trio em lá menor." In: *Várias histórias*. Rio de Janeiro: Garnier, 1904, pp. 121-34.

OUTRAS EDIÇÕES

ASSIS, Machado de. *Obra completa*. Coleção Digital Machado de Assis. Portal Domínio Público, Núcleo de Pesqui-
sa em Informática, Literatura e Linguística (NUPILL) da
Universidade Federal de Santa Catarina, Ministério da
Educação, 2008. Disponível em: <machado.mec.gov.br>.

_____. *Romances e contos em hipertexto*. Coordenação de
Marta de Senna. Disponível em: <www.machadodeassis.
net/hiperTx_romances/obras/contosavulsos9.htm>.

HÉLIO GUIMARÃES é professor livre-docente na Universidade de São Paulo, pesquisador do CNPq, pesquisador associado da Biblioteca Brasiliana Guita e José Mindlin e editor da *Machado de Assis em linha: revista eletrônica de estudos machadianos*. Mestre e doutor em teoria e história literária pela Unicamp, tem pós-doutoramentos pela Universidade de Manchester (Reino Unido) e pela Fundação Casa de Rui Barbosa (Rio de Janeiro). É autor de *Os leitores de Machado de Assis: o romance machadiano e o público de literatura no século XIX* (Nankin/Edusp) e de *Machado de Assis, o escritor que nos lê* (Unesp), entre outros livros e artigos.

FONTE Egyptienne F LT Std
PAPEL Pólen Bold 70 g/m²